蒸し豆、ゆで豆、煎り豆で作ろう

「豆」を食べる習慣が体を守る！

今泉久美
女子栄養大学栄養クリニック特別講師

文化出版局

目次

豆の作りおきを！

おやつとパンに豆を！

本書の決まり
- エネルギー量などの表記はいくつかの例外を除き1人分です。
- 1カップは200㎖、大さじ1は15㎖、小さじ1は5㎖。
- 材料は正味の分量を記載しています。
- 卵はMサイズ（正味55g）を使用しています。
- 塩ゆでは、すべて1％の塩分でゆでています。
- 塩は粗塩を使っています。小さじ1＝5gを基準にしています。
- 煮物の塩分は煮汁を全量含みます。
- 電子レンジの加熱時間は600Wの場合の目安です。
- 栄養価は日本食品標準成分表（八訂）増補2023年をもとに算出しています。

私の元気の源は「豆料理」です

豆をもっと手軽に毎日食べることができないか。それは栄養学を学びはじめた時から、ずっと考えてきたテーマでした。料理家になってからも、手間と時間が負担になったり、ひとり分には多すぎて、豆をとることは簡単ではありませんでした。

ある時、余ったドライパックの蒸し大豆を酢に漬けてみたところ、とてもおいしくて日もちもして便利でした。それからはいろいろな料理に豆を使うようになりました。豆はしっかりした味わいがあって減塩の助けをしてくれて、食物繊維が豊富で腹もちがいいのでダイエットにも向いている食材です。加えて、種子としては大きく、一粒に多くの栄養を含んでいます。

時間があるときには乾燥豆からゆでますが、ふだんは加熱済みの市販品を利用したほうが簡単。それに気づいてから、料理が楽になりました。

甘い煮豆だけが豆料理ではありません。案外どんな料理にも豆は合います。試行錯誤をしながら豆を食べるようになって、植物性たんぱく質、食物繊維、カルシウム、ビタミンB群など、体に必要な栄養素が自然にとれたためか、私は無理なくやせ、疲れにくい体になったと感じています。

私の元気の源、豆料理を皆さまにお伝えしたくて、この本を著しました。ご紹介する手軽な豆料理が、皆さんの健康を守れますことを願っております。

今泉久美

今こそ豆を食べて健康になりましょう

解説……女子栄養大学栄養クリニック教授
蒲池桂子

優れた栄養価や健康効果など「豆」のもつ力が改めて注目されています

豆は、マメ科の植物の種子。一粒に驚くべき力が宿っています

豆は、古くから人類にとって身近な食品です。種類にもよりますが、どんな気候の土地でも栽培しやすく、皮がかたいので持ち運びや長期保存もしやすいことから、穀類やイモ類と並ぶ主要な食料として世界各地で普及してきました。

豆の種類は多彩で、大豆のようにたんぱく質を多く含むもの、小豆のように炭水化物を多く含むものといった違いはありますが、ほとんどの豆に共通する特徴として、エネルギーや物質の代謝に重要な役割を果たすビタミンB_1、B_2、B_6などのビタミンB群が豊富であること、生理機能の維持や調節に不可欠なカルシウム、リン、カリウム、マグネシウム、鉄、亜鉛などのミネラル分をバランスよく含むこと、さらには腸活に役立つ食物繊維が多いことなどが挙げられます。

豆がこのように栄養的に優れている理由は、豆がマメ科の植物の「種」であり、一粒に次世代を生み出す強い生命力が宿っているからだと考えられます。

豆を食べなくなったことが生活習慣病増加の原因の一つ!?

日本では主に大豆、小豆、いんげん、えんどう、そら豆などが栽培されています。中でも大豆は、肉食の習慣がなかった時代には貴重なたんぱく源であり、主食である米に合わせて頻繁に食卓に上っていました。

昔から日本人の食事は、米、豆類、野菜、魚、海藻が中心だったのです。

しかし、第二次世界大戦後、日本では食の欧米化が進み、肉類の摂取が増えました。肉類は動物性たんぱく源が豊富ですが、脂質も多いので食べ過ぎには気をつけたいところです。その一方で、豆腐などの加工品は別として、豆をそのまま食べることが著しく減ってきました。こうした食生活の変化の影響が、近年糖尿病や脂質異常症などの生活習慣病が増加している一因ともいえるでしょう。

もちろん、豆の摂取不足だけで病気になるわけではなく、ほかにもさまざまな要因はありますが、最近では、大豆の摂取を増やすことが糖尿病や脂質異常症の予防につながるという研究報告もあり、大豆の健康効果は世界的にも注目を浴びています。

今こそ、豆のよさを見直して、豆を食べる習慣を取り戻すことをおすすめします。本書で提案するように市販の蒸し豆を利用すると、水でもどしてゆでるという面倒な下ごしらえも不要で、手軽に食べることができます。

良質なたんぱく質を豊富に含む大豆は「畑の肉」といわれます

日本人は約2000年前から大豆を食べてきました

大豆は、弥生時代初期に中国から伝わってきたとされており、当時は煮豆や煎り豆として食べられていたようです。奈良時代になると、大豆を加工した「穀《こく》醤《びしお》」という調味料が作られるようになりましたが、これがしょうゆやみその原形です。平安時代には、きな粉や納豆、豆腐などの加工品も生まれました。広く栽培が始まったのは鎌倉時代以降で、大豆は日本人の食生活に欠かせないものとなっていきました。

大豆は、完熟したときの種皮の色によって「黄大豆」「黒大豆」「青大豆」の種類があります。一般的に大豆と呼ばれて食べられているのは黄大豆です。黒大豆は黒豆とも呼ばれ、おせち料理の煮豆などに、青大豆はひたし豆やうぐいすあんなどに用いられます。また、未成熟な状態で収穫された大豆は「枝豆」として食べられています。どの種類の大豆でも、枝豆の段階では緑色です。

ここでは、大豆＝黄大豆として解説を進めていきましょう。

大豆は肉や魚と同様に良質なたんぱく質を含んでいます

日本では食用のイメージが強い大豆ですが、実は脂質が多く含まれるため（栄養成分の約20％）、世界的には油をしぼって食用油とする「油糧作物」としての栽培が主流です。大豆から作られた大豆油は、リノール酸やオレイン酸などの不飽和脂肪酸を含んでおり、動脈硬化を予防する働きがあります。

また、大豆の特徴の最たるものは、他の豆類に比べてたんぱく質含有量が極めて多いことです（栄養成分の約30％）。大豆のたんぱく質は植物性でありながら、肉などの動物性たんぱく質に似た、いわゆる「良質なたんぱく質」であることも重要なポイントです。

この良質なたんぱく質とはどのようなものでしょうか。たんぱく質は、20種類のアミノ酸からできていますが、中でも人間が体内で作り出せない9種類を「必須アミノ酸」といい、これらは食品からとる必要があります。毎日一定の割合で必須アミノ酸をとらなければ人間の体組織は維持できないのです。

肉や魚、卵、牛乳・乳製品などの動物性食品のたんぱく質は、必須アミノ酸をバランスよく含むため、その食品を単独で摂取しても人間の体内で筋肉組織を合成することができます。ゆえに、良質なたんぱく質といわれています。一方、ほとんどの植物性食品はたんぱく質量が少なく、必須アミノ酸バランスもよくありません。そのため単独摂取では筋肉組織を合成できず、いくつかの食品を組み合わせて足りないアミノ酸を補う工夫が必要です。

しかし、植物性食品における例外の一つが大豆です。大豆はたんぱく質含有量が多いだけでなく、そのアミノ酸バランスが動物性食品に匹敵するほど優れていることから「畑の肉」ともいわれます。大豆には筋肉組織を合成できる栄養成分がそろっており、まさに良質のたんぱく質なのです。

体の機能調節を助けるビタミン、ミネラルも含んでいます

大豆はビタミン類も豊富で、特にビタミンB_1、B_2、さらにはB_6が多く含まれています。ビタミンB_1は炭水化物を体内で

エネルギーに変換する際に必要な栄養素です。ビタミンB_2は成長促進や皮膚や粘膜の保護といった働きがあり、不足すると口内炎や皮膚炎などが起こりやすくなります。ビタミンB_6はたんぱく質の分解を助け、また葉酸とともに、心臓血管障害に関与するホモシステインというアミノ酸の合成を阻害します。神経伝達物質のサポートとしても働き、心の落ち着きなどにも役立ちます。

カルシウムや鉄などのミネラル分も見逃せません。たとえば納豆40gにはカルシウムが36mg含まれていますが、これは30～40代女性の一日推奨量（650mg）の約5％にあたります。鉄は1・3mg含まれており、同一日推奨量（10・5mg）の約12％にあたります。一日のうちの主となるミネラル補充とはいかないものの、不足分を補う食品として大豆は有用です。

大豆のさまざまな機能性成分が生活習慣病の予防や改善にも役立ちます

大豆の機能性成分として知られているのが大豆イソフラボンです。女性ホルモン（エストロゲン）と分子構造が似ていることから植物性エストロゲンとも呼ばれ、更年期以降に減少するエストロゲンを補う働きをします。大豆イソフラボンが腸内細菌によってエクオールという物質に変換されると、その働きはより強くなり、のぼせなどの更年期症状を軽減するという報告がされています。ただし、エクオールを作る腸内細菌を持っていない人もいるので、腸内細菌の有無によって効果にも違いがあるようです。また、大豆イソフラボンには動脈硬化を予防する抗炎症作用なども認められています。

煮豆を作るときに出る泡の主成分であり、えぐみや苦みのもとでもある大豆サポニンは、強い抗酸化作用があり、高血圧の予防や脂質代謝の促進に役立つことが知られています。胆汁酸やコレステロールの排泄にも関与していると考えられていますが、これらは大豆サポニン単独の影響というよりは、大豆の成分全体の複合的な効果といえるようです。

そして、大豆は現代人に不足しがちな食物繊維も豊富です。食物繊維は便秘の予防をはじめとする整腸作用だけではなく、糖質の吸収を遅らせて血糖値の上昇を抑制したり、コレステロールの吸収を阻害して血液中のコレステロール濃度を低下させたりする作用があります。前述したほかの栄養素の生理作用とも相まって、糖尿病や脂質異常症の予防や改善にも役立つことが明らかになっています。

豆の適量は一日80kcal程度。肉や魚ともバランスよくとりましょう

黒豆や小豆に含まれるアントシアニンのさまざまな効果

黒豆（黒大豆）の栄養成分は大豆（黄大豆）とほぼ同じですが、一つ異なるのは黒い種皮にアントシアニンという色素成分が含まれていることです。アントシアニンはポリフェノールの一種であり、優れた抗酸化作用があります。その効果はさまざまですが、黒豆のアントシアニンは血液の流れをよくするほか、漢方では痰きり、喉がれの薬などに用いられます。

アントシアニンを含む豆といえば、小豆もそうです。小豆は冷害に強く、収穫高も比較的よい作物で、縄文時代の昔から人々に食べられてきました。赤色に邪気を払うなどの神秘的な力があると信じられ、今日まで祝い事の赤飯などにも用いられています。

小豆には「普通小豆」と粒の大きい「大納言」があります。種皮の赤い色素成分がアントシアニンで、網膜に作用して眼精疲労を低減する効果が期待できるほか、漢方では、むくみを減らしたり、下痢を止めたり、母乳の出をよくしたいときなどにも用いられます。種皮には小

豆サポニンも含まれており、利尿作用があるほか、高血圧や脂質異常症を改善する効果も期待されます。大豆と同様に食物繊維も豊富です。

「魚介・肉」と「豆・豆製品」は2対1で たんぱく質はバランスよくとりましょう

豆が体の健康に役立つとしても、食べ過ぎはよくありません。適切な摂取量は一日80kcal程度です。多くても160kcalまでにしましょう。煎り大豆のように大豆そのままを食べ過ぎるとおなかが張ります。納豆なら一日1パック（40g）で、多くても100g程度まで、煎り大豆なら20〜50g程度です。

良質なたんぱく質も動物性と植物性をバランスよくとることが大切です。四群点数法®では、「魚介・肉」と「豆・豆製品」を第2群に分類していますが、80kcalを1点とし、一日に「魚介・肉」を2点、「豆・豆製品」を1点（合わせて3点）とることを推奨しています。

これまで述べてきたように、大豆は日本人の食事に欠かせない食品であり、その加工品も多岐にわたります。とはいえ、食用大豆の自給率は26％と低く、油糧用を含めて多くを輸入に頼っているのが現状です。また、最近では世界的な人口増加による食糧不足の懸念から、良質なたんぱく質源である大豆がにわかに注目されており、肉の代用として大豆ミートに変える動きもあります。

豆をめぐる情勢は変化していますが、まずは蒸し大豆などの加工品を上手に使って、毎日の献立に健康的でおいしい豆料理を取り入れることをおすすめします。特に豆と穀物である米の相性は抜群です。日本人が親しんできた「豆」のすばらしさを、ぜひ見直していただけたらと思います。

四群点数法®

食品を第１群（乳・乳製品、卵）、第２群（魚介・肉、豆・豆製品）、第３群（野菜、芋、果物）、第４群（穀類、油脂、砂糖）の四つのグループに分ける。食品の重量は、80kcalを１点とする単位で表し、一日に食べるべき食品の量を第１群から第４群の各食品ごとに点数で示す。一日に食べる点数は、第１群から第３群までは、３点、３点、３点とし、体格や運動量に応じて第４群の点数を調整する。

四つの食品群の一日にとるべき点数（80kcal＝1点）

第１群	乳・乳製品	2点	計3点	計20点（1,600kcal）
	卵	1点		
第２群	魚介・肉	2点	計3点	
	豆・豆製品	1点		
第３群	野菜	1点	計3点	
	芋	1点		
	果物	1点		
第４群	穀類	9点	計11点	
	油脂	1.5点		
	砂糖	0.5点		

蒸し大豆、煎り大豆、蒸し黒豆、煎り黒豆、ゆで小豆を使います。

本書では昔から日本人になじみ深い、大豆、黒豆、小豆に着目し、次のような加熱済みの豆を使って、レシピを紹介します。

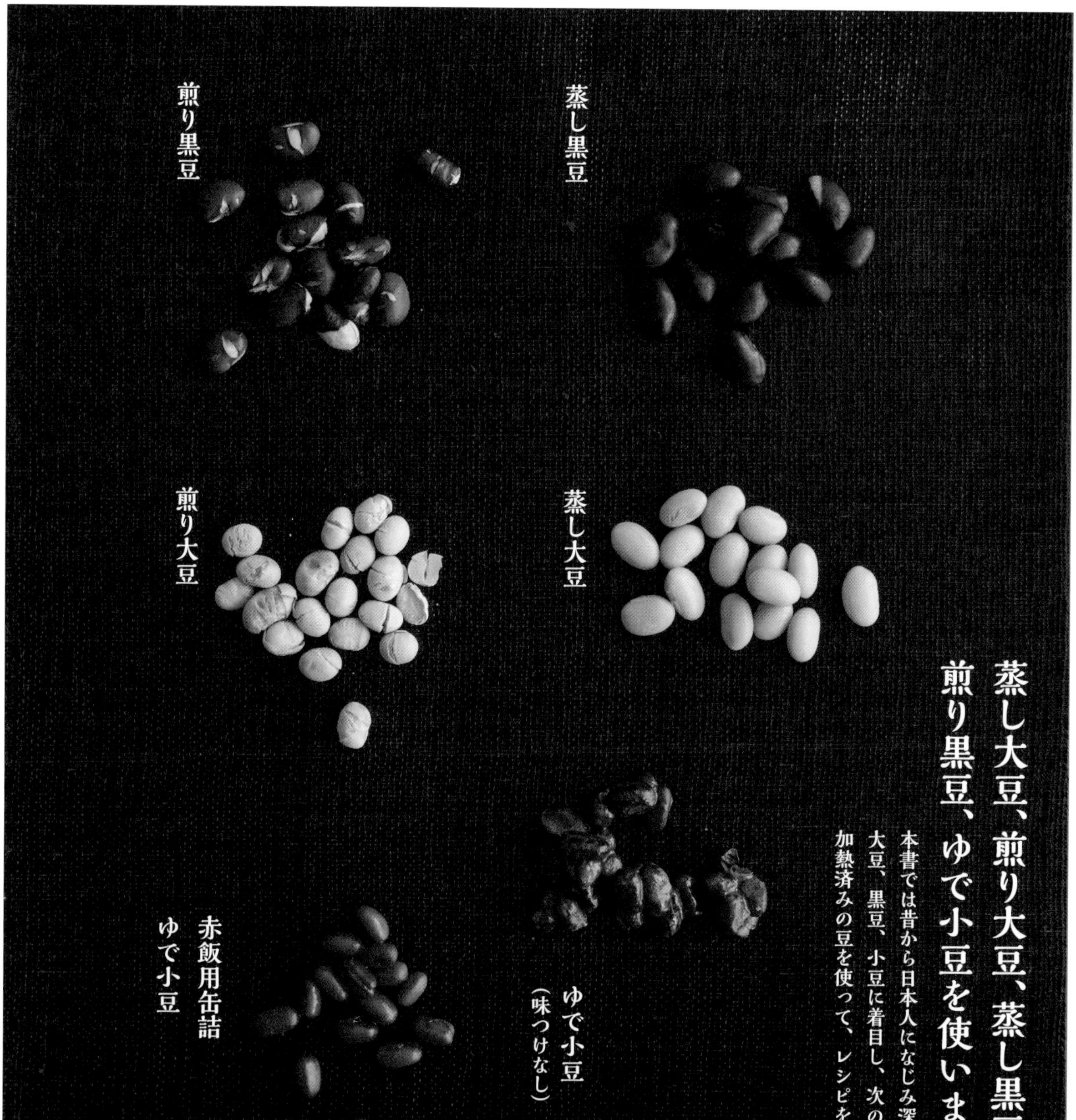

[蒸し大豆、蒸し黒豆] 豆を水でもどしたその水分だけで蒸している「ドライパック」を使用しています。パウチ入り、缶入りなどがあります。豆の味が濃いめで、適度に歯ごたえがあり、また、余分な水分がないので調理しやすいというのがおすすめの理由。手に入らなければ水煮でもいいですが、その場合は水気をしっかりきってください。

[ゆで小豆] 料理には無糖でゆでた小豆を使用しています。煮汁ごと煮つめた商品を中心に、料理によっては水煮も使っています。パウチ入り、缶入りなどがあり、おやつ用には甘く味つけしたタイプも使用しています。

[煎り大豆、煎り黒豆] 節分の豆まきでおなじみの煎り大豆。煎って火を通してあるので、そのまま食べても香ばしく、料理やお菓子に活用するとその風味が生きます。煎り黒豆も大豆と同様です。

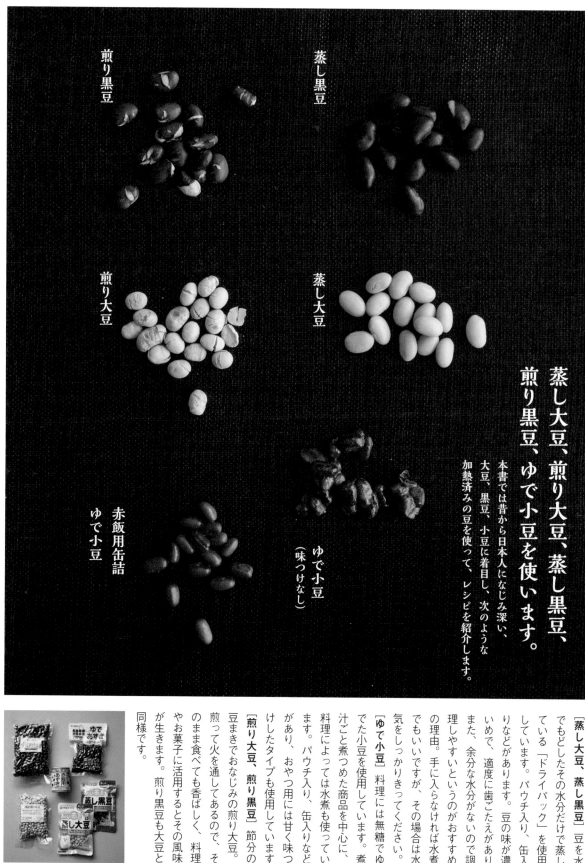

いつもの料理に「蒸し大豆」を！

大豆は「畑の肉」と呼ばれるほど、良質の植物性たんぱく質が含まれています。また、ポリフェノールの一種で女性ホルモンの「エストロゲン」に似た働きをする大豆イソフラボンが含まれていたり、食物繊維、カルシウム、ビタミンB群なども豊富な優れた食品です。

まず、いちばん最初にご紹介するのが、大豆ご飯です。ドライパックの蒸し大豆を使えばとにかく簡単。水加減をした米にふり入れて一緒に炊くだけです。栄養が強化できて、かむほどにうまみが感じられるご飯ができ上がります。多めに炊いて冷凍しておきましょう。

1人分(¼量)
エネルギー／303kcal
塩分／0.2g
たんぱく質／7.9g
食物繊維／3.0g

大豆ご飯

材料▽4〜5人分
米…2合
蒸し大豆(ドライパック)…100g

1 米は洗ってざるに上げ、ラップフィルムをかぶせて30分おく。
2 炊飯器の内がまに米を入れ、2合の水加減をして、大豆を加えて炊く。
3 さっくり混ぜて盛る。

かぼちゃと小豆のみそ汁

材料▽2人分
ゆで小豆(パウチ)…60g
A ちりめんじゃこ…大さじ1
　水…1½カップ
　長ねぎ…½本(50g)
かぼちゃ…80g
みそ…大さじ1

1 長ねぎは斜め5㎜幅に切る。かぼちゃは1㎝厚さの一口大に切る。
2 小鍋にAを入れて火にかけ、煮立ったらみその一部(かぼちゃが煮くずれしないため)とかぼちゃ、小豆を入れ、ふたをして弱火で5分ほど煮る。
3 かぼちゃが煮えたら残りのみそを溶き入れ、煮立ってきたらお椀によそう。

1人分
エネルギー／98kcal
塩分／1.3g
たんぱく質／4.8g
食物繊維／5.1g

いつもの料理に「ゆで小豆」を！

私は一日1杯、実だくさんの減塩みそ汁を飲んでいます。ある日かぼちゃのみそ汁にゆで小豆を加えたら、ボリューム感とこくが出て、とてもおいしくいただけました。小豆は糖質のほかに、植物性たんぱく質、食物繊維、ビタミンB群、鉄やカリウム、ポリフェノールなど、さまざまな栄養素を含んでおり、便秘解消やアンチエイジング、貧血予防なども期待できます。

パウチ入りのゆで小豆をみそ汁に加えるだけで、おいしく飲めて、豊富な栄養素を体に取り込めます。毎日こつこつと体にいい食品を適量とることで、自分で体を守ることができるのは、うれしいことです。

主菜と副菜に豆を！

〔蒸し大豆＋肉〕

肉、魚、卵以外のたんぱく源に大豆を加えると、肉や魚だけよりも経済的で、植物性のたんぱく質量や食物繊維量がアップし、何より豆にしかない栄養素がとれます。料理が軽やかになり、食後に体が重くならない点も気に入っています。

蒸し大豆
100gあたり
エネルギー／186kcal
塩分／0.6g
たんぱく質／15.8g
食物繊維／10.6g

鶏手羽と大豆の煮物

丈夫な骨の形成に欠かせないコラーゲン、大豆のたんぱく質とカルシウムもとれます。手羽元を控えめの量にしても食べごたえ充分です。

材料▽2人分

蒸し大豆（ドライパック）…80g
鶏手羽元…4本（骨つき200g）
里芋（1cm幅の輪切り）…2個（120g）
長ねぎ（4cm長さ）…1/2本（50g）
しょうが（薄切り）…1かけ
ごま油…大さじ1/2
A　だし汁…3/4〜1カップ
　　酒…大さじ2
B　砂糖…大さじ1/2
　　しょうゆ…大さじ1

1　鶏肉は水気をふき、骨に沿って縦に切れ目を入れる。

2　里芋は塩少々（分量外）でもんで、水洗いをし、水気をふく。

3　深めの小さいフライパンにごま油を熱し、**1**、長ねぎ、しょうがを入れて焼く。鶏肉の表面に焼き色がついたら、**2**、大豆を加えてさっと炒め合わせ、Aを加える。

4　煮立ったらあくを取り除き、Bを加える。落としぶたをして、弱めの中火で15分ほど煮る。強火で煮汁をつめて器に盛る。

鶏手羽と大豆の甘酢漬け

さっと揚げた大豆の食感が楽しく、保存がきくので多めに作って作りおきにしても。酢でカルシウムの吸収がアップします。

材料▽2人分

蒸し大豆（ドライパック）…80g
鶏スペアリブ…骨つきで200g
蓮根（5mm幅の半月切り）…小1/2節（80g）
赤パプリカ（横1cm幅）…1/4個（30g）
A　赤とうがらしの小口切り…少々
　　めんつゆ（3倍濃縮タイプ）、
　　水、酢…各大さじ1 1/2〜2
揚げ油…適量

1　スペアリブは水気をふき、蓮根は水洗いをして水気をふく。

2　耐熱ボウルにAを混ぜておく。

3　170℃に熱した揚げ油に鶏肉を入れて5分ほど揚げ、油をよくきって**2**に入れる。大豆はさっと揚げて（写真）**2**に漬け、全体を混ぜる。

4　揚げ油に蓮根を入れて1分30秒ほど揚げ、パプリカを加えてさっと揚げ、油をきって**2**に加えて混ぜる。

1人分
エネルギー／300kcal
塩分／1.8g
たんぱく質／19.7g
食物繊維／6.4g

1人分
エネルギー／298kcal
塩分／1.7g
たんぱく質／18.2g
食物繊維／5.3g

鶏肉入りベイクドビーンズ

さっと作れる一皿。簡単でたんぱく質たっぷり。朝ご飯にいかがですか。

材料▽2人分

蒸し大豆（ドライパック）…90g
食パン（8枚切り）…2枚
玉ねぎ（1㎝角）…¼個（50g）
サラダチキン（小角切り）…60g
ほうれん草（4㎝長さ。塩ゆで）…150g
オリーブ油…大さじ1
A 塩…ごく少々
　粗びき黒こしょう…少々
B トマトケチャップ…大さじ2
　ウスターソース…小さじ½

1 食パンはトーストする。

2 フライパンにオリーブ油大さじ½を熱し、水気を絞ったほうれん草を入れてさっと炒める。Aをふって調味し、器に盛る。

3 フライパンをふいてオリーブ油大さじ½を熱し、玉ねぎを入れて炒める。しんなりとしたら、サラダチキン、大豆を順に加えて炒め、Bで調味する。食パンにのせ、器に盛る。

1人分
エネルギー／327kcal
塩分／2.1g
たんぱく質／20.2g
食物繊維／9.6g

鶏肉、しめじ、大豆のホワイトシチュー

三つの素材によるたんぱく質とカルシウムたっぷりの主菜です。

材料▽2人分

蒸し大豆（ドライパック）…60g
鶏むね肉（そぎ切り）…小1/2枚（100g）
玉ねぎ（縦薄切り）…小1/2個（80g）
しめじ（ほぐす）…小1/2パック（50g）
じゃがいも…1個（120g）
A 塩、こしょう、小麦粉…各少々
バター…大さじ2
小麦粉…大さじ1 1/2
白ワイン…大さじ2
B 牛乳…1 1/4カップ
　水…1/4カップ
　チキンコンソメ（固形）…1/2個
C 温かいご飯…300g
　パセリのみじん切り…大さじ3

1 じゃがいもは1cm幅の半月切りにする。耐熱ボウルに入れて水少々（分量外）をふり、ラップフィルムをかぶせて電子レンジで2分30秒ほど加熱する。

2 鶏肉はAを順にふってまぶす。

3 フライパンにバター大さじ1を熱して玉ねぎ、しめじを順に入れて炒める。しんなりとしたらバター大さじ1を足し、鶏肉を加えて両面を焼く。

4 小麦粉をふり入れて炒め、白ワインをふる。煮立ったら大豆、**1**、Bを加えてよく混ぜて煮立て、弱火でさっと煮る。

5 器にCを混ぜて盛り、シチューをかける。

1人分
エネルギー／625kcal
塩分／1.7g
たんぱく質／23.0g
食物繊維／12.6g

鶏ささみ入り五目豆

いつもの五目豆に鶏ささみを加えて、たんぱく質量を上げます。すべての素材からだしが出て、薄味でも満足の副菜に。

材料▽4人分

蒸し大豆（ドライパック）…100g
鶏ささみ（1cm角）…小2本（80g）
A｜塩…少々　酢…小さじ1
芽ひじき（乾燥。たっぷりの水でもどす）
…大さじ1½
こんにゃく（1cm角。ゆでる）…50g
ごぼう（太め。5mm幅のいちょう切り）…30g
にんじん（8mm角）…小⅓本（30g）
B｜昆布…5cm角
｜水…¾カップ
オリーブ油…大さじ½
C｜酒…大さじ2
｜みりん…大さじ1½
｜しょうゆ…小さじ2〜3

1 鶏ささみにAをからめる。

2 昆布は分量の水につけてもどし、水はとっておき、昆布は1cm角に切る。

3 鍋にオリーブ油を熱し、こんにゃくとごぼうを炒め、にんじん、**1**を炒める。色が変わったら水気をきったひじきを加え、さっと炒めて**2**を加えて煮立てる。

4 あくを引き、Cと大豆を入れて煮立ったら落としぶたをして、中火弱で15分ほど煮、上下を返して冷ます。

1人分
エネルギー／270kcal
塩分／1.7g
たんぱく質／16.0g
食物繊維／4.8g

鶏もも肉と大豆の甘酢炒め

中華の炒め物に大豆をプラスした主菜。大豆の食感が加わって楽しく、さっぱりと食べられます。ピーマンのビタミンCはコラーゲンの合成を促します。

材料▽2人分

蒸し大豆（ドライパック）…60g
鶏もも肉…1/2枚（120g）
A　塩、こしょう…各少々
　　酒…小さじ1
B　かたくり粉、サラダ油
　　…各小さじ1
長ねぎ（1cm幅の斜め切り）…1/2本（50g）
しょうが（1cm角の薄切り）…1/2かけ
ピーマン（四つ割りにして横1cm幅）
　…2個（60g）
赤とうがらし
　（斜め切り、種を除く）…1本
サラダ油…大さじ1/2
C　しょうゆ、酢、砂糖、酒
　　…各大さじ1弱

1　鶏肉は余分な脂を除いて1.5cm角に切り、Aをからめ、Bを順にまぶす。
2　ボウルにCを入れて混ぜておく。
3　フライパンにサラダ油、赤とうがらしを入れて熱し、**1**、長ねぎ、しょうがを加えて焼く。鶏肉に火が通ったらピーマン、大豆を順に加えて炒め合わせ、**2**の半量を加えてからめる。残りの**2**を加えてからめる。

つぶし大豆入りの鶏つくね

ひき肉につぶした大豆を加えると、さっぱりしてやわらかく、食べやすいです。野菜も照り焼きにして一緒に楽しみます。

材料▽2人分

蒸し大豆（ドライパック）…90g
鶏ひき肉…120g
玉ねぎ（みじん切り）…小½個（80g）
ししとう…10本
A ┌おろししょうが、みそ…各小さじ1
　└みりん…小さじ2
かたくり粉…大さじ½
サラダ油…大さじ½
B しょうゆ、みりん、酒…各大さじ½

1 大豆はマッシャーでつぶす（写真）。
2 ボウルにひき肉、Aを入れて混ぜ、**1**を加えて混ぜる。
3 玉ねぎはかたくり粉をまぶしつけ、**2**に加えて混ぜる。6等分にし、薄い丸形にする。
4 フライパンにサラダ油を熱して**3**を入れ、ふたをして弱めの中火で3分ほど焼く。
5 ししとうは軸を少し切り、切り目を入れる。
6 **4**の上下を返し、**5**を加えてさっと炒め、ふたをして3分ほど蒸し焼きにする。余分な油をふき取り、Bを加えて煮からめる。

1人分
エネルギー／279kcal
塩分／1.4g
たんぱく質／17.1g
食物繊維／6.6g

鶏ひき肉とつぶし大豆の春巻き

大豆をつぶし、具をこねるように混ぜて包みます。簡単に作れ、たんぱく質量も豊富な主菜にふさわしい料理です。

材料▽2人分

蒸し大豆(ドライパック)…60g
春巻きの皮…4枚
鶏ひき肉…80g
キャベツ(せん切り)…2枚(100g)
生しいたけ(薄切り)…1枚
青じそ…8枚
A 塩…小さじ$\frac{1}{5}$
　酒…大さじ$\frac{1}{2}$
　ごま油…小さじ1
かたくり粉…小さじ1
サラダ油…大さじ2
B 酢、しょうゆ…各大さじ$\frac{1}{2}$
　練りがらし…少々

1 大豆はマッシャーでつぶす。

2 ボウルにひき肉、**1**、Aを入れて混ぜ、キャベツ、しいたけ、かたくり粉を加えてさらに混ぜ、4等分にする。

3 春巻きの皮1枚の中央より少し手前に、軸を切った青じそ2枚を並べて置き、**2**の$\frac{1}{4}$量をのせて包む。残りも同様に包む。

4 フライパンにサラダ油を中火で熱し、**3**を並べ入れる。ふたをして弱めの中火にし、4～5分焼く。返してさらに4～5分焼き、Bにつけていただく。

1人分
エネルギー／348kcal
塩分／1.7g
たんぱく質／13.6g
食物繊維／5.7g

豚ひき肉と大豆のそぼろ、サラダ菜包み

肉みそに大豆を加えただけで食べごたえが増します。えのきだけの代わりには、刻んだしいたけやエリンギ、まいたけもおすすめ。

材料▽2人分

蒸し大豆(ドライパック)…60g
豚赤身ひき肉…100g
えのきだけ(みじん切り)…50g
サラダ菜…1株
パクチー(ざく切り)…適量
ごま油…大さじ½

A
長ねぎ(みじん切り)…10cm(25g)
おろししょうが…小さじ1
おろしにんにく…少々

B
みそ、しょうゆ、酒…各小さじ1
砂糖…小さじ½
鶏ガラスープのもと(顆粒)…少々
粗びき黒こしょう…適量

C
かたくり粉…小さじ⅓
水…大さじ½

1 フライパンにごま油を熱し、ひき肉、A、えのきだけ、大豆を順に加えて炒める。全体に油が回ったら、Bを加えて炒め合わせ、混ぜたCを加えて混ぜる。

2 サラダ菜に**1**、パクチーをのせて包んでいただく。

1人分
エネルギー／204kcal
塩分／1.1g
たんぱく質／14.7g
食物繊維／5.7g

大豆入り回鍋肉

脂肪が多めの豚バラ肉をさっとゆでてカロリーダウンし、大豆でたんぱく質量をプラスします。

材料▽2人分

蒸し大豆(ドライパック)…60g
豚バラ肉(焼き肉用。3㎝幅)…100g
キャベツ(ざく切り)…2枚(100g)
長ねぎ(斜め5㎜幅)…1/2本(50g)
黄パプリカ(斜め5㎜幅)…1/4個(30g)
A 酒、塩…各適量
B にんにく(みじん切り)…1/2かけ
　甜麺醤…大さじ1/2
　豆板醤…小さじ1/2
C しょうゆ、酒…各小さじ2
　酢…小さじ1/2
　こしょう…少々
サラダ油…大さじ1/2

1 鍋に熱湯3カップ(分量外)を沸かしてAを入れ、豚肉を入れてさっとゆで、水気をふく。

2 フライパンにサラダ油を熱し、豚肉、長ねぎを入れて炒め、香ばしくなったらBを加えて炒める。

3 パプリカを加えてさっと炒め、キャベツを芯のほうから2回に分けて入れ、さっと炒める。大豆、混ぜておいたCを加え、強火でさっと炒める。

1人分
エネルギー／316kcal
塩分／1.8g
たんぱく質／12.8g
食物繊維／5.2g

蒸し黒豆＋肉

黒豆は植物性たんぱく質、食物繊維が豊富ですが、特徴的なのは皮の黒色に含まれるアントシアニンという抗酸化作用のある色素です。動脈硬化の抑制、糖尿病の予防、肥満予防などが期待できます。

蒸し黒豆
100gあたり
エネルギー／177kcal
塩分／0.5g
たんぱく質／13.8g
食物繊維／7.7g

1人分
エネルギー／515kcal
塩分／1.9g
たんぱく質／15.5g
食物繊維／8.4g

牛肉と黒豆の夏野菜カレー

いつものカレーに黒豆を加えるだけで、料理のアクセントになり、ボリュームとうまみも増します。

材料▽2人分

蒸し黒豆（ドライパック）…60g
牛赤身切り落とし肉…80g
A 塩…小さじ1/5
　粗びき黒こしょう…少々
　小麦粉…大さじ1/2
玉ねぎ（縦薄切り）…1/4個（50g）
にんにく（すりおろす）…1/2かけ
しょうが（すりおろす）…1かけ
なす（1cm幅の半月切り）…1本（80g）
ピーマン（横1cm幅）…1個（30g）
トマト（1cm幅のいちょう切り）…1個（150g）
サラダ油…大さじ1 1/2
カレー粉…大さじ1
B 水…1カップ
　チキンコンソメ（固形）…1/2個
C しょうゆ、みりん…各小さじ1
　塩…ごく少々
　カレー粉…少々
温かいご飯…300g

1 牛肉にAを順にまぶす。フライパンにサラダ油を熱し、玉ねぎ、にんにく、しょうが、なす、ピーマン、牛肉を順に加えて炒め、黒豆を加える。肉の色が変わったら、カレー粉を加えてさっと炒める。

2 Bとトマトを加え、煮立ったらふたをして中火で3分ほど煮る。Cを加えて混ぜる。器にご飯を盛り、カレーをかける。

黒豆入りビーフシチュー

切り落としの牛肉と黒豆で作るリーズナブルなシチュー。さっと作れるので時間のないときにおすすめです。

材料▽2人分

蒸し黒豆（ドライパック）…60g
牛赤身切り落とし肉…100g
玉ねぎ（横薄切り）…1/4個（50g）
セロリ（横薄切り）…1/3本（30g）
にんじん（薄い半月切り）…小1/3本（30g）
にんにく（すりおろす）…1かけ
まいたけ（ほぐす）…1/2パック（50g）
サラダ油…大さじ1

A
塩…小さじ1/5
粗びき黒こしょう…少々
小麦粉…大さじ1

赤ワイン…大さじ4

B
水…1/2カップ
トマトジュース（無塩）…1缶（190g）
チキンコンソメ（固形）…1/2個

C
塩…小さじ1/5〜1/4
粗びき黒こしょう…少々

D
温かいご飯…300g
バター…大さじ1/2
万能ねぎ（小口切り）…3本

1 牛肉はAを順にまぶしつける。

2 フライパンにサラダ油を熱し、玉ねぎ、セロリ、にんじんを入れて炒める。しんなりとしたら端に寄せ、牛肉を加えてさっと焼き、にんにく、まいたけを加えて炒める。

3 赤ワインを加えて煮つめ、Bと黒豆を加える。煮立ったら弱めの中火にし、ふたをして5分ほど煮て、Cで調味する。

4 Dを混ぜて器に盛り、シチューを添える。

1人分
エネルギー／544kcal
塩分／2.0g
たんぱく質／17.3g
食物繊維／7.6g

【蒸し大豆＋魚】

しめさばと大豆のおろしあえ

大豆を加えるとしめさばの量を減らしてもボリュームが出て、塩分も抑えられます。すだちの代わりに柑橘系の汁や酢を加えても。

材料▽2人分

蒸し大豆（ドライパック）…60g
しめさば（市販）…80g
みょうが…1個
大根…150g
ぽん酢しょうゆ…小さじ1
すだち（半分に切る）…1個

1 しめさばは縦半分に切って3㎜幅に切る。みょうがは縦半分に切ってから斜め薄切りにして水に通し、水気をふく。

2 大根は皮をつけたまますりおろし、軽く水気をきる。

3 2にぽん酢しょうゆをふり、しめさば、大豆を加えて混ぜ、器に盛る。みょうがとすだちを添える。

1人分
エネルギー／183kcal
塩分／1.1g
たんぱく質／12.1g
食物繊維／4.0g

かつおと大豆のなめろう

魚はかつおに限らず、あじ、まぐろ、いわしの刺身を使ってください。豆を加えると、楽しい食感に仕上がります。

材料▽2人分

蒸し大豆（ドライパック。粗みじん切り）…60g
かつおの刺身…100g
紫玉ねぎ（みじん切り）…30g
しょうが（みじん切り）…½かけ
青じそ…4枚
煎りアーモンド（無塩）…6粒
A　みそ…大さじ1
　　オリーブ油…小さじ1

1　かつおは水気をふき、5㎜角に切る。

2　青じそ2枚はみじん切りにする。アーモンドは粗く刻む。

3　ボウルに**1**、大豆、Aを入れて混ぜ、紫玉ねぎ、しょうが、青じそのみじん切りを加えて混ぜる。青じそを敷いた器に盛り、アーモンドを散らす。

えびと大豆のマヨネーズ炒め

1パックのえびでも、大豆が加わるだけで食べごたえもたんぱく質量も上がって、ボリューム満点の仕上がりに。

材料▽2人分

蒸し大豆(ドライパック)…60g
殻つき無頭えび…小12尾(120g)
かたくり粉…大さじ1½
赤パプリカ(縦半分、横1cm幅)…⅓個(40g)
レタス(5mm幅)…3枚(90g)

A
塩…小さじ1/6
こしょう…少々
酒、ごま油…各小さじ1

B
マヨネーズ…大さじ2
ギリシャヨーグルト*…大さじ1
トマトケチャップ…大さじ½
タバスコ…少々

サラダ油…大さじ2
*なければヨーグルトの水気をきったもの。

1 えびは殻をむき、背に切り込みを入れて背わたを取り、かたくり粉大さじ½をからめて水洗いをし、水気をふく。Aを順に加えてからめる。

2 フライパンにサラダ油を熱し、えびにかたくり粉大さじ1をしっかりとまぶして入れ、2分ほど焼く。上下を返し、あいているところに大豆、パプリカを入れてさらに焼く。

3 余分な油を除き、ボウルに混ぜておいたBに加えて手早くからめる。レタスを敷いた器に盛る。

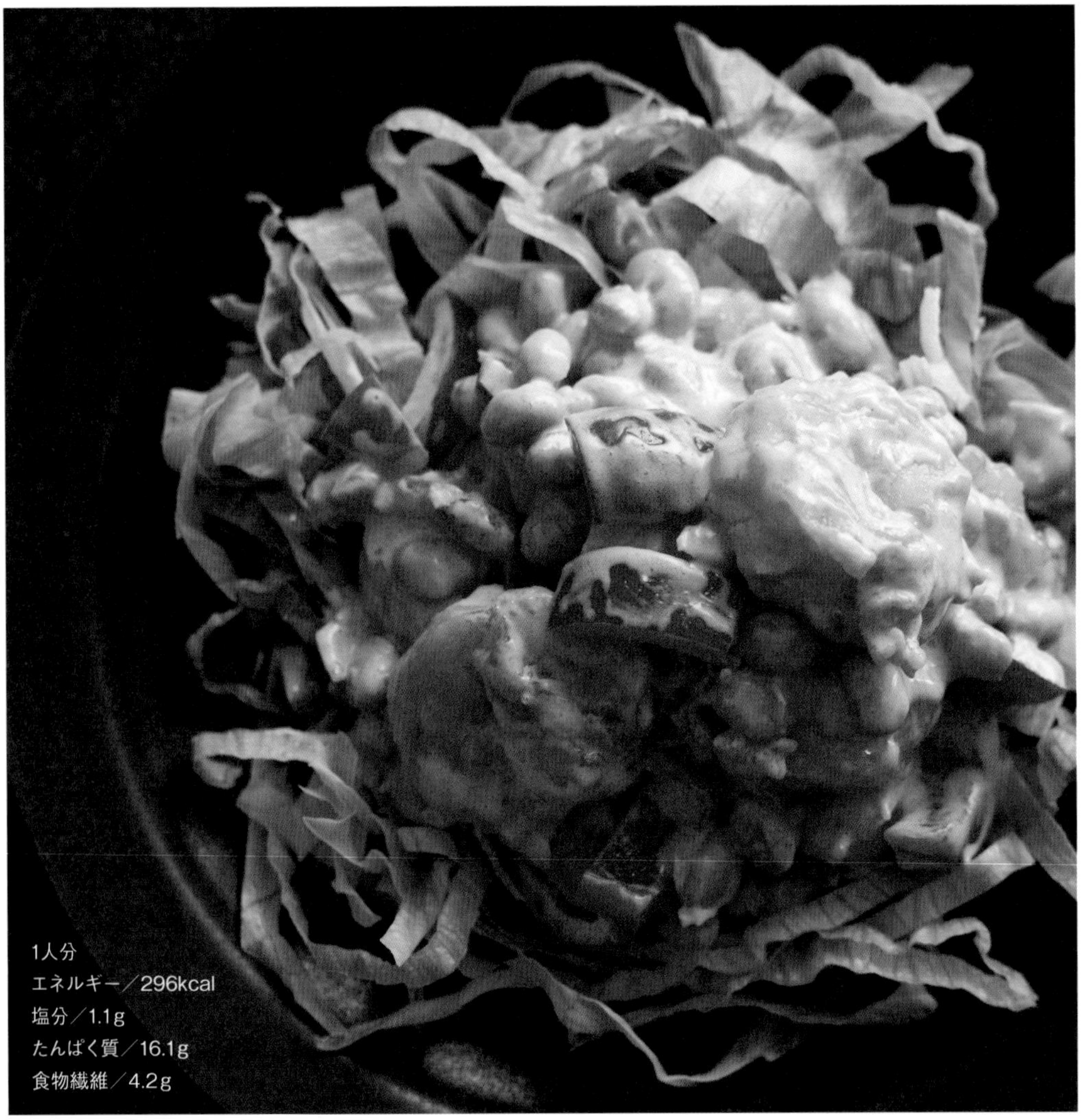

1人分
エネルギー/296kcal
塩分/1.1g
たんぱく質/16.1g
食物繊維/4.2g

ちくわと大豆のかき揚げ風

蒸し大豆は水分が出ないので、揚げ物向きのうれしい食材です。ここでは少し多めの油でちくわと一緒に揚げ焼きにします。

材料▽2人分

蒸し大豆（ドライパック）…80g
ちくわ…小1本（30g）
長ねぎ（5㎜幅の小口切り）…1/2本（50g）
A 天ぷら粉…1/3カップ
　青のり…小さじ1
冷水…約1/4カップ
サラダ油…大さじ2
塩…少々
レモン（くし形切り）…1切れ

1 ちくわは四つ割りにし、横に5㎜幅に切る。

2 ボウルに大豆、長ねぎ、**1**を入れてAをふって混ぜる。冷水を加えて全体をざっと混ぜる。

3 フライパンにサラダ油を熱し、**2**を4等分にして円形に流す。ふたをしてかりっとするまで3分ほど焼く。返して厚いところに菜箸で穴をあけ、ふたをせずに2〜3分焼く。余分な油をきり、塩をふって器に盛り、レモンを添える。

1人分
エネルギー／242kcal
塩分／1.0g
たんぱく質／10.0g
食物繊維／5.5g

さばと大豆のカレー煮

高カロリーのさばは2人分で半身1切れだけを使い、たっぷりの大豆をプラスします。カレー粉を加えてみその量を減らすのは減塩のコツです。

材料▽2人分

蒸し大豆(ドライパック)…60g
さば…半身(140g)
酒…大さじ1
生しいたけ…4枚
わけぎ…2本(60g)
カレー粉…小さじ½
A おろししょうが…大さじ1
　水…120mℓ
　酒…大さじ2
　みりん…大さじ1
　みそ…大さじ1強

1 さばは4等分のそぎ切りにし、酒をからめて汁気をふく。しいたけは石づきを切り落として半分に切る。わけぎは4cm長さに切る。

2 鍋にA、さばを入れて煮立て、カレー粉を加えて溶く。あいているところに大豆、しいたけ、わけぎの白い部分を入れる。

3 煮立ったらアルミホイルの落としぶたをして、弱めの中火で8分ほど煮る。残りのわけぎを加え、同様に2分ほど煮る。ふたを取って煮つめる。

1人分
エネルギー／282kcal
塩分／1.6g
たんぱく質／19.4g
食物繊維／6.7g

1人分
エネルギー／222kcal
塩分／2.0g
たんぱく質／16.6g
食物繊維／6.5g

いわしと大豆の梅煮

大豆にもいわしにも梅の酸味がきいてさっぱり、さわやか。ごぼうのかたさが気になるときは、斜め薄切りにして食べやすくするのもおすすめです。

材料▽2人分

蒸し大豆(ドライパック)…60g
いわし…200g(大2尾。正味130g)
ごぼう(4cm長さ四つ割り)…1/2本(80g)
黄パプリカ(細長い乱切り)…1/2個(60g)
梅干し(塩分14%)…1個
A 昆布…5cm角
　水…1カップ
B 酒…大さじ3
　しょうゆ…小さじ2

1 ボウルにAを入れて5分ほどおいてから、昆布を1cm幅に切る。水はとっておく。

2 いわしはうろこを取り除き、頭を落として3等分に切り、割り箸で内臓を取り除く。腹の中を洗って、水気をふく。

3 さっと水に放したごぼうを鍋に敷き、いわし、大豆、**1**、Bと梅干しのほぐした実と種を順に入れて火にかける。煮立ったらパプリカをのせ、紙ぶたをして弱めの中火で15分ほど煮る。

さば缶とつぶし大豆のギョウザ

ワンタンの皮で一口ギョウザを作ると、包みやすい上に食べやすいです。さばとセロリの組み合わせがよく合います。

材料▽2人分

蒸し大豆(ドライパック)…40g
ワンタンの皮…16枚
さば水煮缶…1/3〜1/2缶(正味60g)
セロリ(みじん切り)…1/2本(50g)
A
おろししょうが…小さじ1
しょうゆ、酒…各小さじ1/2
粗びき黒こしょう…少々
ごま油…小さじ1
かたくり粉…小さじ2
サラダ油…小さじ2

1 ボウルに大豆、汁気をきったさばを入れ、マッシャーでつぶす。セロリ、Aを加えて混ぜる。

2 ワンタンの皮に**1**を等分にのせ、ひだを寄せるように包む。

3 フライパンにサラダ油を熱し、**2**の平らな面を下にして並べ入れる。熱湯1/4〜1/3カップ(分量外)を注ぎ、ふたをして中火で3〜4分蒸し焼きにする。

4 ふたを取って水気を飛ばし、両面の皮をかりっと焼く。好みで一味とうがらしやからしを加えた酢を添える。

1人分
エネルギー／249kcal
塩分／1.0g
たんぱく質／11.0g
食物繊維／3.4g

たこと大豆のサラダ

たこのサラダに大豆を足して、たんぱく質量をアップ。メインおかずにもなるボリュームサラダです。

材料▽2人分

蒸し大豆（ドライパック）…40g
ゆでだこ（縦半分を薄切り）…80g
レモン汁（または酢）…大さじ1
玉ねぎ（横薄切り）…15g
きゅうり（四つ割りにして1cm幅）…1/2本（50g）
トマト（1・5cm角）…1個（150g）
パセリ（みじん切り）…1本
A　タバスコ…少々
　　塩…小さじ1/5
　　オリーブ油…大さじ1

1　たこにレモン汁をふって、汁気をきる。
2　ボウルに大豆、たこ、玉ねぎ、きゅうり、トマト、パセリを入れ、Aをふってあえる。

1人分
エネルギー／149kcal
塩分／0.9g
たんぱく質／10.0g
食物繊維／3.4g

［ゆで小豆＋魚］

ゆで小豆
※甘くないもの
100gあたり
エネルギー／124kcal
塩分／0g
たんぱく質／7.4g
食物繊維／8.7g
※豆からのゆで方p.76

サーモン、キウイフルーツ、小豆のマリネ

ゆで小豆は魚介と相性がいいので、サーモンとキウイフルーツを組み合わせたサラダにしてみました。豆のぽくぽく感をぜひ、楽しんでみてください。

材料▽2人分

ゆで小豆（パウチ）…50g
サーモン（刺身用さく）…150g
A 塩、砂糖…各小さじ1/3
キウイフルーツ（1cm角）…大1/2個（50g）
紫玉ねぎ（粗みじん切り）…大さじ2
B 塩…小さじ1/6
　こしょう…少々
　はちみつ、白ワインビネガー
　…各小さじ1
　オリーブ油…大さじ1
ルッコラ（ざく切り）…1/2束（25g）

1 サーモンにAをふってラップフィルムに包み、冷蔵庫に半日〜一日おく。汁気をふき、薄切りにする。

2 ボウルにBを入れて混ぜ、小豆、キウイフルーツ、紫玉ねぎを加えて混ぜる。

3 器にルッコラを敷いて**1**を盛り、**2**をかける。

さつまいもと小豆のサラダ

この2種類の素材はサラダにしても相性がよく、定番にしたいと思うほど。マヨネーズにカレー粉を足してスパイシーに仕上げました。他の豆でも。

材料▽2人分

ゆで小豆（パウチ）…50g
さつまいも…1/2本（120g）
ロースハムの薄切り（2cm角）
…2枚（30g）
ゆで卵（四つ割り）…1個
玉ねぎ（横薄切り。水にさらす）…20g
A 白ワインビネガー
　（または酢）…小さじ1
　塩…ごく少々
B マヨネーズ…大さじ1 1/2
　カレー粉…少々

1 さつまいもは1cm幅のいちょう切りにし、水にさらして水気をきる。耐熱ボウルに入れて水大さじ1をふり、ふんわりとラップフィルムをかぶせて電子レンジで2分40秒ほど加熱する。

2 **1**の水気をきり、Aをふって粗熱を取る。

3 **2**に小豆、ハム、ゆで卵、水気を絞った玉ねぎ、Bを加え、混ぜて器に盛る。

1人分
エネルギー／248kcal
塩分／1.0g
たんぱく質／15.7g
食物繊維／3.3g

1人分
エネルギー／241kcal
塩分／0.8g
たんぱく質／8.1g
食物繊維／4.1g

1人分
エネルギー／175kcal
塩分／1.7g
たんぱく質／10.6g
食物繊維／5.1g

里芋と小豆のえびあんかけ

ほくほくした素材どうしの相性はとてもいいようです。えびあんかけは少々手間ですが、その手間が料理の魅力につながります。

材料▽2人分

ゆで小豆（パウチ）…50g
里芋…4〜5個（250g）
殻つき無頭えび…小8尾（80g）
塩…適量
かたくり粉…大さじ½
A だし汁…1¼カップ
　酒、みりん、うす口しょうゆ…各大さじ1
B かたくり粉…大さじ½
　水…大さじ1
しょうが汁…少々

1 里芋は1㎝幅の輪切りにし、ボウルに入れる。塩をふってぬめりを出し、水洗いをして水気をきる。

2 鍋に**1**、Aを入れて煮立て、ふたをして弱火で15分ほど煮る。

3 えびは殻をむき、背に切り目を入れて背わたを取り除く。かたくり粉をからめて水洗いをし、水気をふいて薄切りにする。

4 **2**を中火にし、小豆、**3**を加えてさっと煮る。Bを混ぜて加え、とろみをつける。器に盛り、しょうが汁をふる。

ゆで小豆＋肉

豚肉、蓮根、小豆のオイスターソース煮

オイスターソースの独特のこくとうまみは小豆にもよく合います。豆のドライパックを使っても。

材料▽4人分

ゆで小豆（パウチ）…100g
豚肩ロース肉ソテー用（2～3cm角）…2枚（250g）
蓮根（小さい乱切り）…1節（200g）
長ねぎ（葉も一緒に3cm長さ）…1本（120g）
にんにく（薄切り）…½かけ
サラダ油…大さじ1
A 水…1カップ
酒…大さじ2
みりん、オイスターソース、しょうゆ…各大さじ1

1人分（¼量）
エネルギー／277kcal
塩分／1.3g
たんぱく質／12.6g
食物繊維／4.0g

1 フライパンにサラダ油を熱し、豚肉、にんにく、長ねぎの白い部分を入れて両面を焼く。さっと水で洗って水気をふいた蓮根を加え、炒めて全体に油が回ったらAを順に加える。
2 あくを取り除き、落としぶたをして弱めの中火で12分ほど煮る。小豆、長ねぎの青い部分を加え（写真）、ふたをして3～5分煮る。ふたを取り、煮汁を全体にからめる。

［枝豆］

大豆と同じくたんぱく質、食物繊維、カルシウム、ビタミン類などを含みます。旬に限らず冷凍食品を利用して一年中楽しみましょう。

枝豆
100gあたり
エネルギー／118kcal
塩分／0g
たんぱく質／9.8g
食物繊維／4.6g

豚ひき肉と枝豆のチャーハン

枝豆の食感、豚ひき肉のうまみ、みょうがの香りがアクセント。

1人分
エネルギー／402kcal
塩分／1.5g
たんぱく質／10.7g
食物繊維／4.7g

材料▽2人分

ゆでた枝豆（さやをむく）…60g
温かいご飯…300g
豚ひき肉…50g
みょうが（粗みじん切り）…2個
長ねぎ（粗みじん切り）…1/2本（50g）
サラダ油…大さじ1
A 塩…小さじ1/5
　こしょう…少々
酒…大さじ1
B めんつゆ（3倍濃縮タイプ）…小さじ2
　塩、こしょう…各少々

1 フライパンにサラダ油を熱し、ひき肉を入れてよく炒め、Aをふる。

2 ご飯を加えて酒をふり、よく炒めてから枝豆、長ねぎ、みょうがを順に加えて、Bで味を調える。

じゃこと枝豆のチーズトースト

チーズをのせて焼くと、材料がまとまり食べやすいです。

1人分
エネルギー／272kcal
塩分／1.4g
たんぱく質／12.2g
食物繊維／3.8g

材料▽2人分

ゆでた枝豆（さやをむく）…40g
食パン（6枚切り）…2枚
ちりめんじゃこ…大さじ2
長ねぎ（縦半分を小口切り）…10㎝（25g）
ピザ用チーズ…30g
マヨネーズ…小さじ2

1 食パンをアルミホイルにのせ、マヨネーズを細くギザギザに絞る。ちりめんじゃこ、長ねぎ、枝豆、チーズをのせる。

2 オーブントースターで5～7分焼く。

えびと枝豆の中華炒め

1人分
エネルギー／199kcal
塩分／1.6g
たんぱく質／15.0g
食物繊維／3.9g

彩りのきれいな一品です。たんぱく質量も食物繊維量も上がりますが、塩分は控えめです。

材料▽2人分

ゆでた枝豆（さやをむく）…80g
殻つき無頭えび…小12尾（120g）
しょうが…½かけ
玉ねぎ…½個（100g）
生しいたけ…3枚
A 塩、こしょう…各少々
　酒、かたくり粉…各小さじ1
サラダ油…大さじ1
B 水…⅓カップ
　酒…大さじ1
　鶏ガラスープのもと（顆粒）…小さじ½
　塩…小さじ⅕
C かたくり粉…小さじ1
　水…小さじ2

1 えびは殻をむき、背に切り目を入れて背わたを取り除く。かたくり粉適量（分量外）をまぶして水洗いをし、水気をふく。Aを順に加えてからめる。
2 しょうがは1cm角の薄切りに。玉ねぎはくし形切りにし、しいたけは石づきを切り落として放射状に切る。
3 フライパンにサラダ油を熱し、えび、2を順に加えて上下を返して焼く。
4 えびの色が変わったら枝豆を加えて炒め、Bを加える。ふたをしてさっと煮て、混ぜたCを加えてとろみをつける。

ハムと枝豆のオムレツ

1人分
エネルギー／296kcal
塩分／1.2g
たんぱく質／15.0g
食物繊維／6.8g

卵2個だけでも大満足。枝豆と常備している食材で作れる栄養満点の一品。

材料▽2人分

ゆでた枝豆（さやをむく）…80g
卵…2個
ロースハムの薄切り（1cm角切り）…2枚（30g）
じゃがいも（薄切り）…小1個（100g）
玉ねぎ（縦薄切り）…¼個（50g）
A 牛乳、粉チーズ…各大さじ1
B 塩…小さじ⅕
　粗びき黒こしょう…少々
オリーブ油…大さじ1½

1 ボウルに卵を溶いて、Aを混ぜる。
2 小さいフライパンにオリーブ油大さじ½を熱し、洗って水気をふいたじゃがいも、玉ねぎを入れて、ふたをしながら炒める。
3 枝豆を加えてBをふり、ハムを加えて炒める。1に加えて混ぜる。
4 フライパンをふいてオリーブ油大さじ1を熱し、3を入れる。混ぜながら焼き、ふたをして弱めの中火で2～3分焼く。上下を返して2分ほど焼く。

ご飯と汁物に豆を！

〔煎り大豆〕

節分には豆まきをしたり、年の数だけ豆を食べたりして縁起をかつぎます。煎って加熱した大豆は、そのままカリカリッと食べられ、香ばしさがなんともいえません。もっとふだんの料理にも取り入れてみませんか。

煎り大豆
100gあたり
エネルギー／429kcal
塩分／0g
たんぱく質／35.0g
食物繊維／19.4g

じゃこと煎り大豆の炊き込みご飯

煎り大豆に酒としょうゆで下味を含ませておけば、その他の調味は必要ありません。煎った豆を使うので、その分多めの水加減にします。

材料▽4〜5人分

煎り大豆…50g
米…2合
油揚げ…厚め1枚（60g）
ちりめんじゃこ…大さじ3（15g）
しょうがの薄切り…2枚
A 酒…大さじ2
　しょうゆ…大さじ1
水…2½カップ

1 米は洗ってざるに上げ、ラップフィルムをかぶせて30分ほどおく。
2 煎り大豆はAをふり、10分ほどおく（写真）。
3 油揚げは油抜きをして水気をふき取り、5㎜角に切る。
4 炊飯器の内がまに**1**、**2**を入れて混ぜ、分量の水を加える。ちりめんじゃこ、**3**、しょうがをのせて炊く。しょうがを取り除いて、さっくりと混ぜる。

1人分(1/4量)
エネルギー／357kcal
塩分／0.9g
たんぱく質／12.1g
食物繊維／2.9g

えのきだけと煎り大豆の豆みそ

煎り大豆を豆みそに。ご飯にのせても、おにぎりや、焼きおにぎりに添えても美味です。

材料▽作りやすい分量

煎り大豆…50g
長ねぎ（小口切り）…1本（100g）
えのきだけ（1cm幅。ほぐす）…50g
ごま油…大さじ1
A 水…50〜70mℓ
　みそ…大さじ3
　みりん…大さじ1

1 フライパンにごま油を熱し、長ねぎ、えのきだけを入れて炒める。しんなりとしたら煎り大豆、Aを加えて混ぜ、ふたをして弱火で3〜4分煮る。
2 ふたを取って汁気を飛ばす。ご飯などに添えていただく。
＊冷めたら密閉容器に入れ、冷蔵庫で4〜5日間保存できる。

1人分(1/4量)
エネルギー／530kcal
塩分／1.2g
たんぱく質／20.2g
食物繊維／3.9g

鶏肉、くるみ、煎り大豆のピラフ

植物性と動物性のたんぱく質を組み合わせて栄養豊富に。副菜には葉野菜のサラダがおすすめです。

材料▽4人分

煎り大豆…50g
米…2合
鶏もも肉(一口大)…1枚(250g)
A 酢…小さじ1
　塩…小さじ1/3
にんじん(粗みじん切り)…小1/2本(50g)
玉ねぎ(粗みじん切り)…1/2個(100g)
バター…大さじ2
B 水…370㎖
　白ワイン…大さじ2
　チキンコンソメ(固形。くずす)…1個
煎りくるみ(無塩)…20g

1 米は洗ってざるに上げ、ラップフィルムをかぶせて30分ほどおく。
2 鶏肉にAをからめる。
3 フライパンにバターを熱し、にんじん、玉ねぎを入れて炒め、しんなりとしたら鶏肉を加えて炒める。**1**を加え、米が透き通るまで炒める。
4 炊飯器の内がまに**3**、大豆を入れて混ぜ、Bを加えて炊く。
5 器に盛り、粗く刻んだくるみを散らす。

〔煎り黒豆〕

道の駅、スーパー、百貨店などで煎り黒豆を見かけます。煎り大豆と同じように使ってみましょう。黒い種皮からアントシアニンが溶け出して料理にインパクトが生まれます。

煎り黒豆100gあたり
エネルギー／431kcal
塩分／0g
たんぱく質／33.6g
食物繊維／19.2g

栗と黒豆のおこわ

生栗がない時季には甘露煮を使ってください。豆と栗の優しい甘みがおこわにぴったりです。

材料▽6人分

煎り黒豆…60g
米…1合
もち米…2合
鬼皮つき栗…400g（むいて240g）
A 水…570㎖
　塩…小さじ¼
　酒…大さじ2

1 栗は熱湯を回しかけ、しばらくおいて鬼皮をやわらかくする。鬼皮、渋皮をむき、水にさらして水気をきり、大きなものは半分に切る。

2 米ともち米は合わせて洗い、ざるに上げてラップフィルムをかぶせ、30分ほどおく。

3 炊飯器の内がまに**2**、黒豆を入れて混ぜ、Aを加える。栗をのせて炊き、さっくりと混ぜる。

1人分(⅙量)
エネルギー／370kcal
塩分／0.2g
たんぱく質／8.7g
食物繊維／4.0g

黒豆入りカレースープ

さっと作れる栄養バランス抜群のスープはブランチにもおすすめです。野菜はにんじんとキャベツにかえてもおいしいです。

材料▽2人分

煎り黒豆…20g
鶏むね肉（皮なし。薄切り）…100g
玉ねぎ（縦薄切り）…1/4個（50g）
ズッキーニ（1㎝幅の半月切り）…小1/2本（80g）
黄パプリカ（縦半分、横1㎝幅）…1/2個（60g）
サラダ油…大さじ1/2
カレー粉…大さじ1/2
白ワイン…大さじ2
A 水…2カップ
　チキンコンソメ（固形）…1/2個
B 塩…小さじ1/5
　トマトケチャップ…大さじ1/2

1 鍋にサラダ油を熱し、玉ねぎを入れて炒める。しんなりとしたら鶏肉を加えて塩少々（分量外）をふり、ズッキーニ、パプリカを加えて炒める。

2 全体に油が回ったら、カレー粉をふってさっと炒め、白ワインを加える。

3 煮立ったらAを加えて煮立て、あくをすくう。黒豆を加え、ふたをして弱火で5分ほど煮て、Bで味を調える。

1人分
エネルギー／171kcal
塩分／1.6g
たんぱく質／14.1g
食物繊維／3.8g

［蒸し大豆］

ウィンナーソーセージ、かぶ、大豆のスープ

このスープにトーストを添えれば、朝食に必要なたんぱく質量が充分にとれます。カレー味にしても。

材料▽2人分

蒸し大豆（ドライパック）…40g
ウィンナーソーセージ
（1cm幅の小口切り）…2本（40g）
玉ねぎ（縦薄切り）…1/4個（50g）
かぶ（皮ごと1cm幅のいちょう切り）
…大1個（120g）
かぶの葉（内側の部分。小口切り）…20g
オリーブ油…大さじ1/2
小麦粉…大さじ1/2
A ┌水…1/2カップ
　└チキンコンソメ（固形）…1/2個
調製豆乳…1 1/2カップ
B─塩、こしょう、しょうゆ…各少々

1 鍋にオリーブ油を熱し、玉ねぎ、かぶの順に加えて炒め、小麦粉をふり入れて炒め合わせる。

2 Aを加えて煮立て、ふたをして弱火で3分ほど煮る。かぶの葉、ウィンナー、大豆、豆乳を加えて温め、Bで調味する。

1人分
エネルギー／259kcal
塩分／1.5g
たんぱく質／11.3g
食物繊維／5.5g

大豆入りの豚汁

大豆でボリュームアップ。献立にはつまをたっぷり添えた刺身がおすすめ。

材料▽2人分

蒸し大豆（ドライパック）…40g
豚バラ薄切り肉（3㎝長さ）…60g
ごぼう（斜め薄切り）…10㎝（30g）
こんにゃく（短冊切り。ゆでる）…1/5丁（50g）
大根（5㎜幅のいちょう切り）…120g
にんじん（5㎜幅の半月切り）…小1/3本（30g）
サラダ油…大さじ1/2
だし汁…2カップ
みそ…大さじ1 1/2
A 万能ねぎ（小口切り）…1本
　七味とうがらし…少々

1 鍋にサラダ油を熱し、豚バラ肉、ごぼう、こんにゃく、大根、にんじんを順に入れて炒める。全体に油が回ったら、だし汁を加える。

2 煮立ったらあくをすくい、大豆を加え、ふたをして弱火で10分ほど煮る。みそを溶いて加え、器に盛ってAを添える。

1人分
エネルギー／227kcal
塩分／2.0g
たんぱく質／9.2g
食物繊維／5.5g

大豆入りミネストローネ

たっぷりの野菜に豆がよく合います。食べごたえもたんぱく質量もアップ。

材料▽2人分

蒸し大豆（ドライパック）…50g
ベーコンの薄切り（1㎝幅）…1枚（20g）
じゃがいも（1㎝角）…小1個（100g）
玉ねぎ（1㎝角）…1/4個（50g）
にんにく（すりおろす）…少々
キャベツ（2㎝角）…1枚（50g）
トマト（1㎝角）…1個（150g）
オリーブ油…大さじ1/2
A 水…2カップ
　チキンコンソメ（固形）…1/2個
B オレガノ、タイム（ドライ）…各少々
　塩、こしょう…各少々

1 鍋にオリーブ油、ベーコンを入れて熱し、洗って水気をきったじゃがいも、玉ねぎ、にんにくを加えて炒める。全体に油が回ったらキャベツを加えて炒め、トマト、Aを加える。

2 煮立ったらあくをすくい、大豆を加える。ふたをして弱火で8分ほど煮る。Bを加えて調味する。

1人分
エネルギー／179kcal
塩分／1.2g
たんぱく質／6.7g
食物繊維／8.7g

［ゆで小豆］

ゆで小豆
100gあたり
エネルギー／124kcal
塩分／0g
たんぱく質／7.4g
食物繊維／8.7g
赤飯用の小豆缶は汁と塩分を含むが、色がよい。

1人分（1/4量）
エネルギー／342kcal
塩分／1.3g
たんぱく質／12.1g
食物繊維／2.8g

たこと小豆の炊き込みご飯

たこと小豆は色が似ています。似ている色の食材は相性がいいようです。しょうがの香りを効かせて仕上げます。

材料▽4人分

赤飯用ゆで小豆（缶詰）
…汁ごと1缶（225g）
米…2合
ゆでだこ（5㎜幅）…150g
しょうが（みじん切り）…1かけ
A 酒…大さじ2
　みりん…大さじ1/2
　うす口しょうゆ…大さじ1

1 米は洗ってざるに上げ、ラップフィルムをかぶせて30分ほどおく。小豆缶は小豆と缶汁に分けておく（写真）。

2 炊飯器の内がまに米を入れ、A、小豆の汁を加えて2合の目盛りまで水を加えて全体を混ぜる。小豆、たこ、しょうがをのせて炊く。全体をさっくりと混ぜる。

＊パウチ入りの小豆を使う場合は、ゆで小豆80g、酒大さじ2、みりん小さじ2、うす口しょうゆ大さじ1 1/3を入れて、2合の目盛りまで水加減をする。

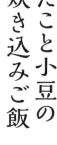

1人分
エネルギー／482kcal
塩分／1.5g
たんぱく質／17.5g
食物繊維／8.2g

小豆入りキーマカレー

グリーンピースやレンズ豆の代わりに小豆を使ってみませんか。好みで小豆の量を増やしてもいいです。

材料▽2人分

ゆで小豆（パウチ）…80g
温かいご飯…300g
豚赤身ひき肉…120g
A にんにく（すりおろす）…1かけ
　しょうが（すりおろす）…1かけ
　塩…少々
玉ねぎ（みじん切り）…小1/2個（80g）
ピーマン（粗みじん切り）…1個
サラダ油…大さじ1
カレー粉…大さじ1
みそ…小さじ1
B 水…1/2カップ
　チキンコンソメ（固形）…1/2個
塩…ごく少量

1 フライパンにサラダ油を熱し、ひき肉、Aを入れて炒める。香りが立ったら玉ねぎを加えて炒める。
2 カレー粉を加えてさっと炒め、みそを加えて全体を混ぜる。B、小豆を加え、煮立ったらピーマンを加える。ふたをして弱火で5分ほど煮る。
3 ふたを取って汁気を飛ばし、塩を加えて調味する。器にご飯を盛ってカレーをかける。

長いもと小豆のポタージュ

牛乳入りですが味わいは精進風で、手軽にできるポタージュです。

材料▽2人分

ゆで小豆(パウチ)…40g
長いも(1cm幅)…6cm(120g)
玉ねぎ(横薄切り)…1/4個(50g)
サラダ油…大さじ1/2
A だし汁…3/4カップ
　塩…小さじ1/3強
　こしょう…少々
牛乳…1カップ
B かたくり粉…小さじ1/2
　水…小さじ1
万能ねぎ(小口切り)…少々

1 厚手の鍋にサラダ油を熱し、長いも、玉ねぎを入れて炒める。玉ねぎがしんなりとしたら、Aを加える。

2 煮立ったらあくをすくい、小豆を加え、ふたをして弱火で10分ほど煮る。

3 いもや野菜をマッシャーでつぶし、牛乳を加えて温め、Bでとろみをつける。器に盛り、万能ねぎをふる。

1人分
エネルギー／166kcal
塩分／1.2g
たんぱく質／5.8g
食物繊維／2.7g

小松菜と小豆のみそ汁

カルシウムをおいしくとれる一品です。小松菜の代わりにチンゲン菜や春菊を使ってもいいでしょう。

材料▽2人分

ゆで小豆(パウチ)…60g
小松菜(2cm長さ)…小2株(80g)
玉ねぎ(縦薄切り)…1/4個(50g)
オリーブ油…小さじ1
だし汁…1 1/2カップ
みそ…大さじ1強

1 鍋にオリーブ油を熱し、玉ねぎを入れて炒める。しんなりとしたら、小松菜を加えて炒め合わせる。

2 小豆、だし汁を加える。煮立ったらあくを取り除き、ふたをして弱火で2分ほど煮る。みそを溶き入れる。

白菜と油揚げ、小豆のみそ汁

いつものみそ汁に小豆を加えるだけで一味違います。

材料▽2人分

ゆで小豆(パウチ)…40g
油揚げ厚め(油抜き。縦半分を薄切り)…1/2枚(30g)
白菜(縦半分を横1cm幅)…1枚(100g)
長ねぎ(斜め薄切り)…1/3本(30g)
だし汁…1 1/2カップ
みそ…大さじ1強

1 鍋にだし汁、油揚げ、白菜、長ねぎを入れて煮立てる。

2 小豆を加え、ふたをして弱火で5分ほど煮る。みそを溶き入れる。

【大豆もやし】

大豆を発芽させたもやしは、たんぱく質や葉酸、GABAなどを含み、栄養満点。豆にはしっかり火を通してください。

大豆もやし
生100gあたり
エネルギー／29kcal
塩分／0g
たんぱく質／2.8g
食物繊維／2.3g

1人分
エネルギー／270kcal
塩分／1.8g
たんぱく質／9.3g
食物繊維／3.9g

にらと大豆もやしの卵おじや

ささっと手早く作れるので、忙しい朝にぴったりです。一皿でご飯、たんぱく質、野菜がとれるので風邪を引いた時にもおすすめ。

材料▽2人分

大豆もやし…1/2袋(100g)
ご飯…240g
ちりめんじゃこ…大さじ1
卵…1個
にら(3cm長さ)…1/3束(30g)
水…1 3/4カップ
みそ…大さじ1 1/3

1 鍋に大豆もやし、ちりめんじゃこ、分量の水を入れて火にかけ、煮立ったらあくをすくう。ふたをして弱火で3分ほど煮る。

2 ご飯を加えてさっと煮、みそを溶き入れ、にらを加える。溶き卵を流し入れ、ひと煮する。

1人分
エネルギー／164kcal
塩分／1.4g
たんぱく質／10.5g
食物繊維／2.0g

牛肉と大豆もやしのキムチスープ

ご飯とキムチスープで献立に。だし汁がないときは煮干しを加えましょう。

材料▽2人分

大豆もやし…1/2袋(100g)
牛赤身切り落とし肉…80g
白菜キムチ(一口大)…50g
長ねぎ(斜め薄切り)…10cm(25g)
ごま油…大さじ1/2
A だし汁…1 1/2カップ
　酒…大さじ1
しょうゆ…小さじ1

1 鍋にごま油を熱し、牛肉、もやし、白菜キムチを炒め、Aを加える。煮立ったらあくをすくい、ふたをして弱火で3分ほど煮る。

2 長ねぎ、しょうゆを加え、さっと煮る。

桜えびと大豆もやしのチーズ焼き

1人分
エネルギー／224kcal
塩分／1.1g
たんぱく質／10.9g
食物繊維／2.6g

チーズとかたくり粉でまとめた風味豊かなお焼きです。たんぱく質量はもちろん、カルシウム量も250㎎以上と豊富。

材料▽2人分

大豆もやし…1袋(200g)
万能ねぎ(5㎜幅)…4本
桜えび…大さじ3
ピザ用チーズ…50g
かたくり粉…大さじ2
ごま油…大さじ1

A
しょうゆ…小さじ1
酢…小さじ2
一味とうがらし…少々

1 ボウルに大豆もやし、万能ねぎ、桜えびを入れ、ピザ用チーズ、かたくり粉を加えて手で均一に混ぜる。

2 フライパンにごま油を熱し、**1**を入れて広げる。ふたをして弱めの中火で3分ほど焼く。返して同様に焼く。

3 ふたを取り、へらで押しつけてさっと焼き、食べやすく切ってAを添える。

大豆もやし入りサンラータン

1人分
エネルギー／118kcal
塩分／1.3g
たんぱく質／5.0g
食物繊維／2.1g

大豆もやしとえのきだけからいいだしが出ます。

材料▽2人分

大豆もやし…80g
卵…1個
えのきだけ(半分に切り、ほぐす)…50g
長ねぎ(斜め薄切り)…1/5本(20g)
サラダ油…大さじ1/2

A
水…1 1/2カップ
酒…大さじ1
鶏ガラスープのもと(顆粒)…小さじ1

B
塩、こしょう…各少々
しょうゆ…小さじ1/2

C
かたくり粉…小さじ1
水…小さじ2

酢…大さじ2
こしょう…適量

1 鍋にサラダ油を熱し、大豆もやし、えのきだけ、長ねぎをよく炒めて、Aを加える。煮立ったらあくを取り除き、ふたをして弱火で3分ほど煮る。

2 Bを加えて、Cでとろみをつける。溶き卵を加えてさっと煮、火を止めて酢を加え、こしょうをふる。

豆の作りおきを！

蒸し大豆、煎り大豆、蒸し黒豆、ゆで小豆を使った作りおきを紹介します。パウチや缶詰はいったん開けると日もちが短いですが、調味料などに漬けて冷蔵すれば保存できます。

全量
エネルギー／330kcal
塩分／0.9g
たんぱく質／23.9g
食物繊維／15.9g

蒸し大豆の酢漬け

すぐに食べられて、冷蔵庫で2週間ほど保存が可能。たんぱく質、カルシウム、マグネシウム、食物繊維の補給に一日に大さじ1を目安に料理に加えて。

作り方　密閉容器に蒸し大豆（ドライパック）150gを入れ、酢100～110mlを注ぐ。

かにかまぼことわかめと大豆のあえ物

酢の物には大豆の酢漬けが重宝します。素材の味を生かし、味つけは控えて。

材料▽2人分
蒸し大豆の酢漬け…40g
かに風味かまぼこ（ほぐす）…2本（20g）
レタス（一口大）…3枚（90g）
わかめ（塩蔵）…もどして30g
A 水…1/2カップ
　塩…小さじ1/2
B 蒸し大豆を漬けた酢…大さじ1 1/2
　めんつゆ（3倍濃縮タイプ）…小さじ1/2

1 わかめはたっぷりの水でもどして水気を絞り、食べやすく切る。
2 ボウルにAを入れて混ぜ、レタスを加えてもむ。しんなりとしたら、水気を絞る。
3 ボウルに**1**、**2**、かに風味かまぼこ、蒸し大豆を入れ、Bであえる。

1人分
エネルギー／55kcal
塩分／0.7g
たんぱく質／4.3g
食物繊維／2.7g

ツナと大豆のピンチョス

ツナのうまみが引き立ちます。酢漬けを使わず他のドライパックを使っても。

材料▽2人分

蒸し大豆の酢漬け…40g
ツナ缶（油漬け。汁をきる）…30g
バゲット…60g
にんにく…少々
セロリ（粗みじん切り）…15g
ミニトマト（四つ割り）…1個
A オリーブ油…大さじ1/2
　塩、粗びき黒こしょう…各少々

1 バゲットは薄く斜めに4枚に切り、かりっとトーストし、にんにくの切り口をこすりつける。

2 ボウルに蒸し大豆、ツナを入れてマッシャーでつぶし、セロリとAを加えて混ぜる。トーストに等分にのせ、ミニトマトを添える。

1人分
エネルギー／173kcal
塩分／1.1g
たんぱく質／8.3g
食物繊維／2.7g

ビーツ、じゃがいも、大豆のサラダ

ビーツは赤い色素に抗酸化作用があり、美肌にもいいサラダです。

材料▽2人分

蒸し大豆の酢漬け…40g
じゃがいも…1個（120g）
ビーツ…小1個（皮つき150g）
ロースハム（粗みじん切り）…2枚（30g）
A 蒸し大豆を漬けた酢…大さじ1/2
　塩…ごく少々
粒マスタード…小さじ1
B 玉ねぎ（みじん切り）…大さじ1
　マヨネーズ…大さじ1 1/2
ベビーリーフ（小1/2パック）…15g

1 じゃがいもは皮をむいて1cm角に切り、水にさらす。耐熱ボウルに入れ、水大さじ1をふり、ふんわりとラップフィルムをかぶせる。電子レンジで2分40秒ほど加熱し、水気をきる。

2 ビーツは洗ってラップフィルムで包む。電子レンジに入れ、2分加熱して上下を返し、さらに1分30秒～2分加熱する。ラップをつけたまましばらくおき、皮をむいて1cm角に切る。

3 **1**、**2**が熱いうちにAをからめる。冷めたらB、蒸し大豆、ハムを加えて混ぜ、ベビーリーフを敷いた器に盛る。

1人分
エネルギー／198kcal
塩分／1.0g
たんぱく質／7.1g
食物繊維／9.4g

煎り大豆の酢漬け

全量
エネルギー／601kcal
塩分／4.3g
たんぱく質／36.7g
食物繊維／19.4g

水分のない煎り大豆には、みりんやうす口しょうゆを加えて酸味をやわらげて食べやすくします。

作り方　密閉容器に酢$\frac{3}{4}$カップ、みりん大さじ2、うす口しょうゆ大さじ$1\frac{1}{2}$を混ぜ、煎り大豆100gを加えて上下を返し、1日おく。冷蔵庫で2週間ほど保存が可能。

煎り大豆と切り干し大根のしょうがあえ

カルシウムが豊富な切り干し大根に酢を加えると、カルシウムの吸収率が上がります。

材料▽2人分

A
- 煎り大豆の酢漬け…70g
- 煎り大豆を漬けた汁…大さじ2

切り干し大根…15g
酢…大さじ1
しょうが（せん切り）…1かけ

1　切り干し大根は洗い、ひたひたの水につけて15分ほどおき、水気を絞る。
2　ボウルに**1**、Aを入れて混ぜ、しょうが、酢を加えてあえ、器に盛る。

1人分
エネルギー／124kcal
塩分／0.7g
たんぱく質／6.7g
食物繊維／5.0g

もずく、きゅうり、煎り大豆の酢の物

ほんの少量の調味料で味が決まります。もずくが余ったらスープや天ぷら、チヂミにどうぞ。

材料▽2人分

A
- 煎り大豆の酢漬け…70g
- 煎り大豆を漬けた汁…大さじ2

もずく（味つけなし）…50g
きゅうり（斜めせん切り）…1本

B
- めんつゆ（3倍濃縮タイプ）…小さじ½
- 酢…小さじ1

しょうが（すりおろす）…½かけ

1 もずくは水につけて塩分を抜き、水気を絞る。
2 ボウルにA、もずく、Bを入れて混ぜる。きゅうりを加えて軽く混ぜ、器に盛る。おろししょうがをのせる。

蓮根、にんじん、煎り大豆のピクルス風

大豆ときのこで食物繊維たっぷり。柑橘の果汁を加えて香りよく仕上げます。

材料▽2人分

A
- 煎り大豆の酢漬け…70g
- 煎り大豆を漬けた汁…大さじ2

蓮根…50g
にんじん（薄い半月切り）…30g
しめじ（ほぐす）…50g
ゆず（またはレモン）のしぼり汁…大さじ1

1 蓮根は皮をむき、5㎜幅の半月切りにする。
2 鍋に湯3カップ、塩小さじ1（ともに分量外）を入れ、蓮根、にんじん、しめじを入れてさっとゆでてざるに上げ、水気をふく。
3 熱いうちにボウルに入れ、Aを加えて混ぜ、ゆずまたはレモン汁を加えてあえる。

蒸し黒豆のオリーブ油漬け

全量
エネルギー／1410kcal
塩分／0.9g
たんぱく質／25.5g
食物繊維／14.7g

黒豆とにんにくのみじん切りをオリーブ油に漬けておくと、すぐに調理ができるので気に入っています。

作り方　蒸し黒豆(ドライパック)180gは密閉容器に入れ、にんにくのみじん切り2～3かけ分、オリーブ油100～120gを加えて混ぜ、1日おく。冷蔵庫で1週間ほど保存が可能。

じゃがいもと黒豆のローズマリー焼き

豆とじゃがいもはほくほくした素材どうしで相性ばっちりです。

材料▽2人分

蒸し黒豆のオリーブ油漬け…50g
じゃがいも…2個(240g)
ローズマリー…1～2本
A　蒸し黒豆を漬けた油…大さじ1
　　塩…小さじ1/3

1　じゃがいもは皮をむいて2cm角に切り、水にさらして耐熱ボウルに入れ、水大さじ1(分量外)を加え、ふんわりラップフィルムをかぶせる。電子レンジで4分30秒加熱し、ざるに上げて水気を飛ばす。

2　フライパンにAを入れて熱し、**1**を加えて転がしながら弱めの中火で焼く。途中、ローズマリーを加えて香りをつける。

3　蒸し黒豆を加えてさらに焼き、塩をふって混ぜる。

1人分
エネルギー／190kcal
塩分／0.8g
たんぱく質／4.5g
食物繊維／12.4g

豚肉、とうもろこし、黒豆の炒め物

色鮮やかで食感も楽しい一品。たんぱく質量が豊富なので主菜向きです。

材料▽2人分

蒸し黒豆のオリーブ油漬け…60g
豚ロース肉(ソテー用)…厚め1枚(160g)
A 塩…小さじ1/3
　粗びき黒こしょう…少々
玉ねぎ(縦5㎜幅)…小1/2個(80g)
とうもろこし…小1本
B 蒸し黒豆を漬けた油…小さじ1
　しょうゆ…小さじ1/2
パセリ(みじん切り)…大さじ1

1 豚肉は1㎝幅に切り、Aをまぶす。
2 とうもろこしはラップフィルムをかぶせ、電子レンジで3分30秒加熱する。冷まして包丁で実を削り取る。
3 フライパンにBを熱して豚肉を並べ入れ、両面を焼く。あいているところに玉ねぎを入れて炒める。
4 玉ねぎが透き通ったらとうもろこし、蒸し黒豆を入れて炒め、しょうゆをふる。器に盛ってパセリを添える。

1人分
エネルギー／368kcal
塩分／1.2g
たんぱく質／19.3g
食物繊維／4.6g

しらす、ブロッコリー、黒豆のアヒージョ風

しらす干しの代わりにえびやたこでも。大豆の風味と食感がいいです。

材料▽2人分

蒸し黒豆のオリーブ油漬け…60g
しらす干し…30g
ブロッコリー…1/2個(120g)
A 蒸し黒豆を漬けた油
　…大さじ2〜3
塩、一味とうがらし…各少々

1 ブロッコリーは小さめに切り、水にさらして水気をきる。
2 スキレットや小さいフライパンにAを大さじ1、**1**を入れて弱めの中火〜中火にかける。ふたをして途中、上下を返しながら火を通す。
3 蒸し黒豆、Aの残りを加えて混ぜ、塩をふる。しらす干しを加えてさっと温め、一味とうがらしをふる。

1人分
エネルギー／198kcal
塩分／1.0g
たんぱく質／7.6g
食物繊維／4.4g

［ゆで小豆のドレッシング］

全量
エネルギー／635kcal
塩分／4.9g
たんぱく質／11.4g
食物繊維／13.9g

作ってすぐに食べられ、やわらかい酸味なのでそのまま野菜にかけても美味です。

作り方　ゆで小豆（パウチ）150gを密閉容器に入れ、紫玉ねぎのみじん切り50g、白ワインビネガーまたは酢大さじ2、サラダ油、オリーブ油各大さじ2、塩小さじ1、こしょう少々を加えて混ぜる。冷蔵庫で3～4日ほど保存が可能。

かぼちゃとセロリの小豆ドレッシングサラダ

小豆、かぼちゃ、セロリの食感がよく合い、かぼちゃのビタミンA、C、Eで抗酸化作用も期待できるサラダです。

材料▽2人分
ゆで小豆のドレッシング…80g
かぼちゃ…150g
セロリ…½本（50g）
セロリの葉…少々

1　耐熱皿にかぼちゃの皮を下にして置き、ふんわりとラップフィルムをかぶせて電子レンジで3分ほど加熱する。粗熱を取り、2㎝角に切る。
2　セロリは筋を取り除き、5㎜幅に切る。セロリの葉はざく切りにする。
3　器に**1**、セロリを盛り、ゆで小豆のドレッシングを散らしてセロリの葉をのせる。

1人分
エネルギー／168kcal
塩分／0.8g
たんぱく質／3.0g
食物繊維／5.4g

1人分
エネルギー／163kcal
塩分／1.0g
たんぱく質／4.1g
食物繊維／3.4g

春菊、にんじん、小豆のサラダ

しゃきしゃきの野菜に小豆とベーコンがアクセントになって、食が進みます。

材料▽2人分

ゆで小豆のドレッシング…60g
ベーコンの薄切り（1㎝幅）…2枚（40g）
春菊の葉…1/3〜1/2束分（60g）
にんじん…小1/2本（50g）
サラダ油…少々
白ワインビネガー（または酢）…大さじ1

1 にんじんはピーラーで縦に細長くそぎ、春菊の葉と器に盛る。

2 フライパンにサラダ油、ベーコンを入れて炒め、かりっとしたらペーパータオルにとって油を吸わせ、**1**に散らす。

3 **2**にゆで小豆のドレッシング、白ワインビネガーをかけて混ぜる。

1人分
エネルギー／179kcal
塩分／1.0g
たんぱく質／10.7g
食物繊維／5.2g

サラダチキン、カリフラワー、小豆の炒め物

クミンシードでドレッシングの味を変化させます。クミンがなければカレー粉でもいいです。

材料▽2人分

ゆで小豆のドレッシング…80g
サラダチキン（細く裂く）…50g
カリフラワー（小房）…150g
ブラウンマッシュルーム（四つ割り）…4個（60g）
オリーブ油…小さじ1
クミンシード…小さじ1/4

1 フライパンにオリーブ油、クミンシードを入れてさっと炒め、香りが立ったらカリフラワー、マッシュルームを加えて焼きつける。

2 サラダチキンを加えてさっと混ぜ、火を止めてゆで小豆のドレッシングを加えて混ぜる。

蒸し大豆の浸し豆

全量
エネルギー／396kcal
塩分／4.8g
たんぱく質／32.1g
食物繊維／21.2g

郷土料理の浸し豆を蒸し大豆で作りました。そのまま酒のつまみにしてもよく、炒め物、サラダに加えてもいいです。手軽にたんぱく質量をアップできます。

作り方　鍋にだし汁180㎖、塩小さじ½、うす口しょうゆ、みりん、酢各小さじ1を入れて煮立て、蒸し大豆（ドライパック）200gを加える。再びしっかりと煮立てたら、冷まして密閉容器に入れる。冷蔵庫で3～4日ほど保存が可能。

ほうれん草、まいたけ、大豆のおひたし

定番のおひたしに大豆を加えるだけで、栄養バランスも風味もよくなります。

材料▽2人分
蒸し大豆の浸し豆…40g
ほうれん草（4㎝長さ）…150g
まいたけ（ほぐす）…⅓パック（30g）
A
　蒸し大豆を漬けた調味料…大さじ2
　しょうゆ…大さじ½

1　ほうれん草は塩ゆでして、水にとって冷まし、水気を絞る。まいたけはアルミホイルにのせ、オーブントースターで5分ほど焼く。
2　ボウルにAを入れて混ぜ、⅓量をほうれん草に加えて水気を絞る。
3　別のボウルに浸し豆、まいたけ、2、残りのAを入れてあえ、器に盛る。

1人分
エネルギー／52kcal
塩分／1.0g
たんぱく質／4.3g
食物繊維／4.4g

しらす干しと大豆の梅おろしあえ

仕上げに加えた梅の酸味が決め手。酒の肴にもぴったりです。

材料▽2人分

A
- 蒸し大豆の浸し豆…40g
- 蒸し大豆を漬けた調味料…大さじ1
- 大根おろし（皮ごとおろして水気をきる）…80g
- しらす干し…15g

梅肉（包丁でたたく）…小さじ½

1 ボウルにAを入れて混ぜ、器に盛る。

2 梅肉をのせ、混ぜながらいただく。

1人分
エネルギー／52kcal
塩分／0.8g
たんぱく質／4.4g
食物繊維／2.8g

わかめ、ゴーヤと大豆の炒め物

ほんの少量のみそが隠し味。ゴーヤの苦みと豆のうまみが合います。

材料▽2人分

- 蒸し大豆の浸し豆…60g
- わかめ（塩蔵）…もどして40g
- ゴーヤ…½本（100g）
- オリーブ油…大さじ½
- A　みそ、みりん、酒…各大さじ½
- 白すりごま…小さじ2

1 わかめは食べやすく切る。ゴーヤは縦半分に切ってわたと種を取り除き、3㎜幅に切る。

2 フライパンにオリーブ油を熱し、ゴーヤを入れて両面を焼く。ゴーヤの色が変わったら、浸し豆、わかめを加えてさっと炒め合わせる。

3 混ぜたAを加えて調味し、火を止めてごまをふって混ぜる。

1人分
エネルギー／120kcal
塩分／1.2g
たんぱく質／5.5g
食物繊維／5.0g

納豆
1パック40gあたり
エネルギー／74kcal
塩分／0g
たんぱく質／5.8g
食物繊維／3.8g

納豆

身近な発酵食品で、たんぱく質、カルシウム、ビタミンK、葉酸が豊富。パックごと冷凍もでき、解凍は冷蔵庫に移して。

1人分
エネルギー／102kcal
塩分／1.2g
たんぱく質／6.2g
食物繊維／3.5g

小松菜と納豆のみそ汁

納豆のとろみで体が温まります。カルシウム量が豊富なみそ汁です。

材料▽2人分
納豆…1パック(40g)
小松菜(3〜4㎝長さ)…小2株(80g)
玉ねぎ(縦5㎜幅)…¼個(50g)
煮干し…6尾
水…1½カップ
ごま油…大さじ½
みそ…大さじ1

1 煮干しはわたとえらを取り除く。耐熱皿にのせ、電子レンジで10秒加熱する。

2 鍋にごま油を熱し、玉ねぎ、小松菜を順に炒めて、煮干し、分量の水を加える。

3 煮立ったらあくをすくい、ふたをして弱火で2分ほど煮る。みそを溶き入れて納豆を加え、煮立ってきたらお椀によそう。

にらとひきわり納豆の卵焼き

牛乳を加えてふっくらと焼きます。にらと納豆の相性がよく、おいしく仕上がります。

材料▽2人分

ひきわり納豆…2パック(80g)
卵…小3個
にら(5㎜幅)…1/3束(30g)
A 牛乳…大さじ1
　しょうゆ、砂糖…各小さじ1
　塩…ごく少々
サラダ油(またはごま油)…適量
大根おろし(皮ごとすりおろす)…汁気をきって30g
しょうゆ…小さじ1/2

1 卵は溶きほぐし、Aを入れて混ぜ、納豆、にらを加えてさらに混ぜる。
2 卵焼き器に油をなじませ、**1**の1/4〜1/3量を流し、端から巻く。卵焼き器に油をなじませながら残りも同様に焼き、アルミホイルに包んで粗熱を取る。
3 4等分に切って器に盛り、大根おろしを添えてしょうゆをかける。

1人分
エネルギー／196kcal
塩分／1.1g
たんぱく質／14.0g
食物繊維／3.2g

大和いもと納豆のとろろ焼き

とろとろ食感の組み合わせ。焼くとふっくらと仕上がっておいしいです。

材料▽2人分

納豆…1パック(40g)
大和いも(すりおろす)…200g
長ねぎ(縦半分を小口切り)…1/2本(50g)
A かたくり粉…大さじ1/2
　塩…少々
オリーブ油…大さじ1
しょうゆ…小さじ1
削り節…1/2パック(2g)

1 ボウルに納豆、大和いも、長ねぎを入れ、Aをふり入れて混ぜる。
2 フライパンにオリーブ油大さじ1/2を熱し、**1**をスプーンで6等分の円形に流し、ふたをして中火で3分ほど焼く。
3 返してオリーブ油大さじ1/2を縁から足し、ふたをして同様に焼く。器に盛ってしょうゆをふり、削り節をかける。

1人分
エネルギー／231kcal
塩分／0.7g
たんぱく質／6.9g
食物繊維／5.0g

おやつとパンに豆を！

手作りすれば材料の素性が見えて安心です。煎り大豆、きな粉、煎り黒豆、ゆで小豆、甘いゆで小豆、粒あんを使って手軽にできるものを紹介します。

1本分
エネルギー／90kcal
塩分／0.1g
たんぱく質／2.4g
食物繊維／1.6g

煎り大豆

煎り大豆入りソイバー

たんぱく質がとれるうれしいおやつ。成長期のお子さんにもぴったりです。

材料▽16本分

米粉（パン用ミズホチカラ）…80g
煎り大豆…50g
A
- きな粉…20g
- 粉おから（微細ではないもの）…20g
- 白すりごま…20g
- きび砂糖（または粉黒砂糖）…50g
- 塩…小さじ1/5

米油…大さじ4
調製豆乳…大さじ4

1 大豆は包丁で粗く刻む（a）。

2 ボウルに**1**、米粉とAを入れてゴムべらで混ぜ、しっとりとするまで混ぜる（b）。かたいときは、豆乳適量（分量外）を少しずつ加えて混ぜる。

3 まな板にラップフィルムを長く広げ、**2**をのせてラップフィルムを折り返してかぶせる。めん棒とカードを使って16×18㎝ほどにのばす（c）。横半分、縦8等分の16等分に切る。

4 オーブン用シートを敷いた天板に並べ（d）、170℃に予熱したオーブンで18分ほど焼く。網にのせて冷ます。

＊密閉容器に乾燥剤とともに入れ、冷蔵庫で7日間の保存が目安。

a

b

c

d

1人分（1/8量）
エネルギー／87kcal
塩分／0g
たんぱく質／3.4g
食物繊維／1.9g

煎り黒豆

煎り黒豆の黒糖がけ

ポリポリと歯ざわりがよく、適度な甘さも相まってつい手がのびます。でも食べ過ぎにはご注意を。煎り大豆で作ってもおいしいです。

材料▽8人分
煎り黒豆…100g
粉黒砂糖…100g

1 フライパンに黒砂糖、水大さじ1を入れ、中火にかける。フライパンを回しながら砂糖を溶かす。
2 沸騰してもフライパンを回しながら火にかけ、煮つまったら火を止め、黒豆を加えて混ぜる。
3 白っぽくなったらクッキングシートを敷いたバットに広げる。
＊フライパンに残った砂糖は水を加えて煮立て、飲み物などに使うといい。

［煎り黒豆＋甘いゆで小豆］

1人分
エネルギー／98kcal
塩分／0.1g
たんぱく質／3.3g
食物繊維／2.7g

ゆで小豆100gあたり
エネルギー／202kcal
塩分／0.2g
たんぱく質／3.6g
食物繊維／3.4g
小豆をグラニュー糖で煮た、おいしく粒立ちのいい市販品を利用。

煎り黒豆寒天の小豆あんかけ

食物繊維たっぷりのおやつは、血糖値の上昇も緩やかにします。黒豆茶用の黒豆で作ると、さらに色濃く仕上がります。

材料▽3人分

煎り黒豆…20g
熱湯…1½カップ
粉寒天…小さじ1（2g）
A
- 甘いゆで小豆（缶詰）…60〜80g
- 黒みつ…大さじ1

1 黒豆は耐熱ボウルに入れて分量の熱湯をかけ、ふたをして30分ほどおく(a)。

2 **1**の豆をざるに上げ、**1**の汁を小鍋に入れる。鍋に寒天を加え、混ぜながら中火にかける(b)。煮立ったら弱火にして混ぜながら3分ほど煮る。

3 ぬらした流し缶（7・5×11×4㎝）に流し入れて冷まし、冷蔵庫に入れて15分ほどおき、冷やし固める。

4 **3**を取り出し、1㎝角に切って器に盛る。Aを等分にのせる。

b

a

［ゆで小豆］

ゆで小豆入り米粉パン

米粉にアルファ化米粉を足すとおいしく焼けます。手に入らない場合は米粉を180gに増やし、ぬるま湯を150gに減らして、作り方2の混ぜる回数を2倍にしてください。また、焼く際に同サイズのアルミホイルの焼き型をかぶせると、よくふくらみます。

材料▽9×18×高さ6㎝のパウンド型1台分（8切れ）

ゆで小豆（パウチ）…60g
A 熊本産パン用ミズホチカラ米粉…160g
ミズホチカラアルファ化米粉…20g
きび砂糖…大さじ1
ドライイースト…2g
塩…小さじ1/3
ぬるま湯（人肌程度）…160g
米油（またはオリーブ油）…12g（約大さじ1）

1 耐熱ボウルにAを順に入れ、ただし塩とドライイーストは離して入れる。ぬるま湯を加え、なめらかになって、粉っぽさがなくなるまでゴムべらで混ぜる（a）。

2 米油を加えて混ぜ（b）、100回ほどよく混ぜる。電動ミキサーを使ってもよい。

3 なめらかになったらラップフィルムをかぶせ（c）、40℃のオーブンに入れて泡立つまで40分ほど発酵させる。

4 小豆を加えてゴムべらでよく混ぜる（d）。

5 クッキングシートを敷いた型に、**4**を流し入れる。ラップフィルムをしっかりとかぶせ（e）、40℃のオーブンで30～40分発酵させる。縁の近くまで高く発酵すればOK。

6 型から出たクッキングシートの四隅に切り込みを入れて外側に折る。型と同じ大きさのアルミの型をかぶせ（f）、170～180℃のオーブンで10分焼く。アルミの型を取り除き、さらに30分焼く。

7 型からはずして網にのせてよく冷まし、クッキングシートを取り除き、食べやすく切る。保存は2㎝幅に切ってラップフィルムで包み、冷凍する。凍ったまま焼いてよい。

a

b

c

d

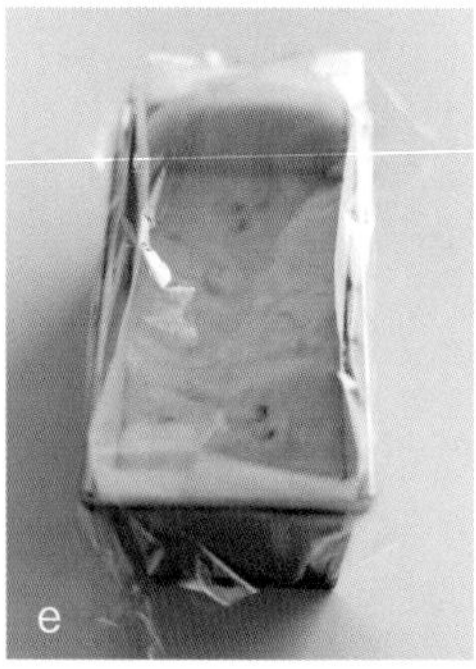
e

f

1切れ分（⅛量）
エネルギー／108kcal
塩分／0.2g
たんぱく質／1.8g
食物繊維／0.9g

1人分（1/3量）
エネルギー／214kcal
塩分／0.1g
たんぱく質／5.7g
食物繊維／1.9g

1個分（1/5量）
エネルギー／330kcal
塩分／0.5g
たんぱく質／7.7g
食物繊維／4.2g

〔甘いゆで小豆〕

抹茶白玉の小豆あんかけ

白玉に豆腐と抹茶を加えて、たんぱく質もとれる大人向きのおやつに。風味も豊かです。

材料▽3人分

甘いゆで小豆（缶詰）…90g

A
- 抹茶…小さじ1
- 砂糖…小さじ2

B
- 絹ごし豆腐…150g
- 白玉粉…100g

1 Aを混ぜておく。

2 ボウルにBを入れ、**1**を加えてなめらかになるまでこねる。やわらかいようなら白玉粉を適量加える。24〜27等分のだんご状に丸め、中央にくぼみをつける。

3 たっぷりの熱湯に**2**を入れてゆでる。浮いてきたら1分ほどゆで、氷水にとって冷ます。水気をきって器に盛り、ゆで小豆をのせる。

〔粒あん〕

甘い粒あん
50gあたり
エネルギー／120kcal
塩分／0.1g
たんぱく質／2.5g
食物繊維／2.9g

いちごどら焼き

生地に豆乳とヨーグルトを加え、ふたをしてふっくらと蒸し焼きにします。ホットプレートを使っても。

材料▽5個分

甘い粒あん（パウチ）…250g

いちご…大5粒

A
- ホットケーキミックス（市販）…200g
- 卵…1個
- 調製豆乳…100g
- プレーンヨーグルト…50g

はちみつ、米油…各小さじ2

1 ボウルにAを入れ、なめらかになるまで泡立て器で混ぜる。かたいときは、プレーンヨーグルトを少量足して混ぜる。

2 フライパンに米油適量（分量外）をなじませて中火で熱し、**1**を1/10量ずつ円形に流す。ふたをして2分ほど焼く。

3 返してふたをして1分ほど焼き、クッキングシートを敷いたバットに取り出して粗熱を取る。

4 いちごは水気をふいて六つ割りにする。

5 **3**の生地5枚にあんをそれぞれ等分にぬり、いちごを等分に放射状に並べる。残りの生地をそれぞれにかぶせる。

豆の豆知識

大豆と米の相性は抜群です!

昔から日本人の食の基本は、米と大豆。米にもたんぱく質があります。たんぱく質はアミノ酸からできており、その中でも食材からとる必要があるアミノ酸を必須アミノ酸といいますが、米のたんぱく質には必須アミノ酸の「リジン」が不足しています。一方で大豆には米の数倍のリジンが含まれており、逆に大豆には少なめである「含流アミノ酸」(メチオニンとシスチン)を米と合わせてとることで充足します。米と大豆は一緒に食べるとおいしいだけでなく、補い合って理想的なアミノ酸バランスをつくる、栄養的にも相性抜群の組み合わせです。

大豆にはいろいろな色がある

大豆は、黄大豆、黒大豆、青大豆に大別されますが、ほかにも生産量は少ないものの、種皮が茶色や赤色の大豆や、斑紋入りのものもあります。黒大豆(黒豆)の黒い色素アントシアニンには、抗酸化作用があり、漢方では視力回復、動脈硬化予防なども期待されます。青大豆は、生産量は黄大豆に比べて少ないのですが、甘みが比較的強く、きな粉や打ち豆、浸し豆などとして食されます。青大豆の一種で真ん中が黒い鞍掛豆などもあり、こちらはさらに生産量も少なく、のりのような風味のある豆で珍重されています。

豆・豆製品の栄養成分値（100g あたり）

食品名	エネルギー (kcal)	たんぱく質 (g)	脂質 (g)	カルシウム (mg)	鉄 (mg)	カリウム (mg)	ビタミン B_1 (mg)	ビタミン B_2 (mg)	ビタミン B_6 (mg)	葉酸 (μg)	食物繊維 (g)
大豆（乾）	372	32.9	18.6	180	6.8	1900	0.71	0.26	0.51	260	21.5
ゆで大豆	163	14.1	9.2	79	2.2	530	0.17	0.08	0.10	41	8.5
蒸し大豆	186	15.8	9.2	75	2.8	810	0.15	0.10	0.18	96	10.6
大豆水煮缶	124	12.5	6.3	100	1.8	250	0.01	0.02	0.01	11	6.8
煎り大豆	429	35.0	20.2	160	7.6	2000	0.14	0.26	0.39	260	19.4
枝豆ゆで	118	9.8	5.8	76	2.5	490	0.24	0.13	0.08	260	4.6
豆もやし	29	2.8	1.2	25	0.5	160	0.08	0.06	0.08	44	2.3
納豆	184	14.5	9.7	91	3.3	690	0.13	0.30	0.24	130	9.5
黒豆（乾）	349	31.5	16.5	140	6.8	1800	0.73	0.23	0.50	350	20.6
煎り黒豆	431	33.6	20.3	120	7.2	2100	0.12	0.27	0.41	280	19.2
ゆで黒豆	155	13.8	8.5	55	2.6	480	0.14	0.05	0.12	43	7.9
小豆（乾）	304	17.8	0.8	70	5.5	1300	0.46	0.16	0.4	130	24.8
ゆで小豆	124	7.4	0.3	27	1.6	430	0.15	0.04	0.11	23	8.7
甘小豆缶	202	3.6	0.2	13	1.3	160	0.02	0.04	0.05	13	3.4
つぶあん	239	4.9	0.3	19	1.5	160	0.02	0.03	0.03	8	5.7

＊「大豆」と表記しているものの種類は黄大豆です。
たんぱく質は「アミノ酸組成によるたんぱく質」そのデータがない場合はたんぱく質で算出。

脂質は「脂肪酸のトリアシルグリセロール当量」そのデータがないものは脂質で算出。

文部科学省『日本食品標準成分表（八訂）増補2023年版』より

小豆とササゲの違いは？

どちらもマメ科のササゲ属ですが、小豆はアジア原産であるのに対し、ササゲは東アフリカ原産です。日本ではササゲといえば種皮が赤色の「赤ササゲ」を指し、一般には赤飯に用います。地方によっては、赤飯にはササゲではなく小豆や甘い煮豆を入れます。欧米では、種皮がクリーム色の「白ササゲ」がサラダや煮込み料理などでよく食べられています。

大豆の食品に含まれるポリフェノールの効果

植物に存在する苦みや色素成分には、アントシアニンなどのポリフェノールといわれる植物由来の物質が含まれています。ポリフェノールには抗酸化作用があり、紫外線やストレスなどによって増えた活性酸素を除去する作用があります。豆のポリフェノールを若々しく健康な体作りに役立てましょう。

大豆とビタミンCの関係

大豆は乾燥した豆状態のときにはビタミンCを含んでいませんが、水を与えられて24時間以上経過し、いわゆる大豆もやしとなるときには、発芽に備えて豆の中で酵素が盛んに働きはじめます。このとき少量ではありますが、ビタミンCも100gあたり4㎎と合成され、豆の味もよくなります。なお、土の中で若芽から生長した未成熟の枝豆の状態では、ビタミンCは100gあたり27㎎含まれていますが、完熟した大豆になるとビタミンCはほぼ0まで減少します。

※ビタミンCの数値は、日本食品標準成分表（八訂）増補2023年より

乾燥豆を「蒸しゆで」してみませんか

私は週末を実家のある山梨で過ごしています。近所の道の駅に行くと、自然農法の地大豆が手に入るので、それを使ったみそ作りが欠かせない習慣になってきました。豆の味見をしながらゆでたり、残った煮汁を料理に使うのが楽しみです。やはり、地の大豆のおいしさは格別です。数日間滞在できて、時間に余裕のあるときは、料理用に「蒸しゆで」にすることもあります。

大豆、黒豆の蒸しゆで

この2種の扱い方はほぼ一緒です。少ない水分で蒸すように煮ていきます。豆の大きさによって、また好みのかたさによって、加熱時間を調節してください。厚手の鍋を使うと火の通りがよく、おいしく煮えます。

材料▽作りやすい分量
大豆または黒豆…2カップ（300g）

1 豆はよく洗って、たっぷりの水に浸して室温、または暑いときは冷蔵庫に10〜18時間ほどおく。割ってみて、中央までもどっていればOK。

2 浸した水を捨てて、豆を厚手の鍋に入れ、水1½カップ、塩小さじ⅓を加えて火にかける。沸騰したらあくを丁寧にすくう。

3 ふたをして吹きこぼれない程度の弱火にする。ときどき鍋底から混ぜて、40〜50分、食べてみて豆の甘みが出るまでゆでる。途中足りなければ、水大さじ2ずつ足しながらゆでる。

＊冷めたら汁気をきって密閉容器に移し、冷蔵で3〜4日が保存の目安。

小豆の蒸しゆで

いろいろなゆで方がありますが、私は一度ゆでこぼしてから、蒸しゆでにしています。

材料▽作りやすい分量
小豆…80g

1 小豆はさっと洗って鍋に移し、たっぷりの水を加えて火にかける。煮立ったら弱火で5分ほどゆでる。

2 **1**のゆで汁を捨て、水1カップとともに厚手の鍋に入れて、火にかける。煮立ったらふたをして弱火にし、ときどき混ぜながら20分ゆでる。食べてみてかたければ、もう5分ほど煮る。途中、足りなければ水大さじ1〜2を足しながらゆでる。

＊冷めたら汁気をきって密閉容器に移し、冷蔵で3〜4日が保存の目安。

＊＊大豆、黒豆、小豆は冷凍ができる。凍ったまま加熱調理する。冷凍庫で1か月が保存の目安。

			エネルギー[kcal]	たんぱく質[g]	食物繊維総量[g]	カルシウム[mg]	ビタミンB_1[mg]	ビタミンB_2[mg]	食塩相当量[g]
豆の作りおきを!									
蒸し大豆	p.54	蒸し大豆の酢漬け(全量)	330	23.9	15.9	115	0.24	0.16	0.9
		かにかまぼことわかめと大豆のあえ物	55	4.3	2.7	41	0.05	0.04	0.7
	p.55	ツナと大豆のピンチョス	173	8.3	2.7	22	0.06	0.04	1.1
		ビーツ、じゃがいも、大豆のサラダ	198	7.1	9.4	45	0.24	0.11	1.0
煎り大豆	p.56	煎り大豆の酢漬け(全量)	601	36.7	19.4	170	0.17	0.30	4.3
		煎り大豆と切り干し大根のしょうがあえ	124	6.7	5.0	67	0.06	0.07	0.7
	p.57	もずく、きゅうり、煎り大豆の酢の物	109	6.5	4.2	47	0.04	0.07	0.9
		蓮根、にんじん、煎り大豆のピクルス風	128	6.9	4.9	38	0.10	0.10	0.8
蒸し黒豆	p.58	蒸し黒豆のオリーブ油漬け(全量)	1410	25.5	14.7	62	0.03	0.01	0.9
		じゃがいもと黒豆のローズマリー焼き	190	4.5	12.4	12	0.11	0.04	0.8
	p.59	豚肉、とうもろこし、黒豆の炒め物	368	19.3	4.6	26	0.66	0.19	1.2
		しらす、ブロッコリー、黒豆のアヒージョ風	198	7.6	4.4	78	0.12	0.14	1.0
ゆで小豆	p.60	ゆで小豆のドレッシング(全量)	635	11.4	13.9	55	0.24	0.07	4.9
		かぼちゃとセロリの小豆ドレッシングサラダ	168	3.0	5.4	32	0.10	0.09	0.8
	p.61	春菊、にんじん、小豆のサラダ	163	4.1	3.4	51	0.15	0.09	1.0
		サラダチキン、カリフラワー、小豆の炒め物	179	10.7	5.2	28	0.10	0.18	1.0
蒸し大豆	p.62	蒸し大豆の浸し豆(全量)	396	32.1	21.2	155	0.30	0.21	4.8
		ほうれん草、まいたけ、大豆のおひたし	52	4.3	4.4	51	0.12	0.20	1.0
	p.63	しらす干しと大豆の梅おろしあえ	52	4.4	2.8	52	0.05	0.03	0.8
		わかめ、ゴーヤと大豆の炒め物	120	5.5	5.0	65	0.08	0.07	1.2
おやつとパンに豆を!									
煎り大豆	p.66	煎り大豆入りソイバー(1本分)	90	2.4	1.6	28	0.02	0.02	0.1
煎り黒豆	p.68	煎り黒豆の黒糖がけ	87	3.4	1.9	42	0.02	0.04	0.0
煎り黒豆+甘いゆで小豆	p.69	煎り黒豆寒天の小豆あんかけ	98	3.3	2.7	22	0.02	0.03	0.1
ゆで小豆	p.70	ゆで小豆入り米粉パン(1切れ分)	108	1.8	0.9	4	0.04	0.01	0.2
甘いゆで小豆	p.72	抹茶白玉の小豆あんかけ	214	5.7	1.9	46	0.08	0.04	0.1
粒あん		いちごどら焼き(1個分)	330	7.7	4.2	78	0.08	0.11	0.5
コラム									
枝豆	p.38	豚ひき肉と枝豆のチャーハン	402	10.7	4.7	38	0.32	0.14	1.5
		じゃこと枝豆のチーズトースト	272	12.2	3.8	175	0.13	0.12	1.4
	p.39	えびと枝豆の中華炒め	199	15.0	3.9	74	0.19	0.14	1.6
		ハムと枝豆のオムレツ	296	15.0	6.8	103	0.32	0.33	1.2
大豆もやし	p.52	にらと大豆もやしの卵おじや	270	9.3	3.9	61	0.10	0.18	1.8
		牛肉と大豆もやしのキムチスープ	164	10.5	2.0	34	0.10	0.16	1.4
	p.53	桜えびと大豆もやしのチーズ焼き	224	10.9	2.6	281	0.10	0.17	1.1
		大豆もやし入りサンラータン	118	5.0	2.1	28	0.12	0.18	1.3
納豆	p.64	小松菜と納豆のみそ汁	102	6.2	3.5	165	0.08	0.13	1.2
	p.65	にらとひきわり納豆の卵焼き	196	14.0	3.2	77	0.11	0.42	1.1
		大和いもと納豆のとろろ焼き	231	6.9	5.0	45	0.17	0.10	0.7

栄養成分一覧

＊分量が書いてあるもの以外は1人分

			エネルギー[kcal]	たんぱく質[g]	食物繊維総量[g]	カルシウム[mg]	ビタミンB1[mg]	ビタミンB2[mg]	食塩相当量[g]
	p.10	大豆ご飯	303	7.9	3.0	23	0.10	0.04	0.2
	p.12	かぼちゃと小豆のみそ汁	98	4.8	5.1	48	0.09	0.06	1.3
主菜と副菜に豆を！									
蒸し大豆＋肉	p.14	鶏手羽と大豆の煮物	300	19.7	6.4	57	0.18	0.15	1.8
		鶏手羽と大豆の甘酢漬け	298	18.2	5.3	50	0.16	0.14	1.7
	p.16	鶏肉入りベイクドビーンズ	327	20.2	9.6	89	0.20	0.23	2.1
	p.17	鶏肉、しめじ、大豆のホワイトシチュー	625	23.0	12.6	201	0.30	0.38	1.7
	p.18	鶏ささみ入り五目豆	120	8.5	4.7	54	0.07	0.07	1.1
	p.19	鶏もも肉と大豆の甘酢炒め	270	16.0	4.8	41	0.13	0.16	1.7
	p.20	つぶし大豆入りの鶏つくね	279	17.1	6.6	54	0.16	0.18	1.4
	p.21	鶏ひき肉とつぶし大豆の春巻き	348	13.6	5.7	59	0.13	0.15	1.7
	p.22	豚ひき肉と大豆のそぼろ、サラダ菜包み	204	14.7	5.7	58	0.59	0.24	1.1
	p.23	大豆入り回鍋肉	316	12.8	5.2	60	0.35	0.14	1.8
蒸し黒豆＋肉	p.24	牛肉と黒豆の夏野菜カレー	515	15.5	8.4	54	0.16	0.15	1.9
	p.25	黒豆入りビーフシチュー	544	17.3	7.6	49	0.17	0.23	2.0
蒸し大豆＋魚	p.26	しめさばと大豆のおろしあえ	183	12.1	4.0	41	0.11	0.15	1.1
	p.27	かつおと大豆のなめろう	190	16.7	4.4	50	0.11	0.16	1.3
	p.28	えびと大豆のマヨネーズ炒め	296	16.1	4.2	86	0.10	0.11	1.1
	p.29	ちくわと大豆のかき揚げ風	242	10.0	5.5	76	0.10	0.25	1.0
	p.30	さばと大豆のカレー煮	282	19.4	6.7	61	0.26	0.35	1.6
	p.31	いわしと大豆の梅煮	222	16.6	6.5	103	0.11	0.33	2.0
	p.32	さば缶とつぶし大豆のギョウザ	249	11.0	3.4	110	0.11	0.16	1.0
	p.33	たこと大豆のサラダ	149	10.0	3.4	43	0.09	0.07	0.9
ゆで小豆＋魚	p.34	サーモン、キウイフルーツ、小豆のマリネ	248	15.7	3.3	43	0.21	0.13	1.0
		さつまいもと小豆のサラダ	241	8.1	4.1	50	0.23	0.14	0.8
	p.36	里芋と小豆のえびあんかけ	175	10.6	5.1	51	0.14	0.06	1.7
ゆで小豆＋肉	p.37	豚肉、蓮根、小豆のオイスターソース煮	277	12.6	4.0	33	0.50	0.18	1.3
ご飯と汁物に豆を！									
煎り大豆	p.40	じゃこと煎り大豆の炊き込みご飯	357	12.1	2.9	81	0.10	0.06	0.9
	p.42	えのきだけと煎り大豆の豆みそ（全量）	515	25.3	16.8	170	0.26	0.31	6.7
	p.43	鶏肉、くるみ、煎り大豆のピラフ	530	20.2	3.9	40	0.17	0.16	1.2
煎り黒豆	p.44	栗と黒豆のおこわ	370	8.7	4.0	25	0.18	0.07	0.2
	p.45	黒豆入りカレースープ	171	14.1	3.8	41	0.11	0.12	1.6
蒸し大豆	p.46	ウィンナーソーセージ、かぶ、大豆のスープ	259	11.3	5.5	109	0.25	0.11	1.5
	p.47	大豆入りの豚汁	227	9.2	5.5	69	0.21	0.09	2.0
		大豆入りミネストローネ	179	6.7	8.7	42	0.19	0.08	1.2
ゆで小豆	p.48	たこと小豆の炊き込みご飯	342	12.1	2.8	20	0.12	0.05	1.3
	p.49	小豆入りキーマカレー	482	17.5	8.2	47	0.67	0.18	1.5
	p.50	長いもと小豆のポタージュ	166	5.8	2.7	137	0.14	0.18	1.2
	p.51	小松菜と小豆のみそ汁	90	4.2	4.2	92	0.09	0.08	1.4
		白菜と油揚げ、小豆のみそ汁	87	5.4	3.4	80	0.07	0.04	1.4

今泉久美
いまいずみ・くみ

山梨県生まれ。料理研究家・栄養士。女子栄養大学栄養クリニック特別講師。塩分控えめでもおいしく、栄養バランスのいいレシピに定評がある。書籍、雑誌、新聞、テレビなど幅広い場で活躍。著書に『「ストウブ」でいつもの料理をもっとおいしく！』『鉄分とれれば元気できれいに！』『いくつになっても「骨」は育つ！』『腸活とフレイル予防に「みそ汁」一日1杯5分の習慣』（すべて文化出版局）など、多数ある。
ホームページ　http://imaizumi-kumi.net
インスタグラム　@kumi_imaizumi0115

蒸し豆、ゆで豆、煎り豆で作ろう
「豆」を食べる習慣が体を守る！

2024年4月27日　第1刷発行

著者　今泉久美
発行者　清木孝悦
発行所　学校法人文化学園 文化出版局
〒151-8524　東京都渋谷区代々木3-22-1
電話　03-3299-2479（編集）
03-3299-2540（営業）
印刷所　TOPPAN株式会社
製本所　大口製本印刷株式会社

文化出版局のホームページ　https://books.bunka.ac.jp/

アートディレクション … 昭原修三
デザイン … 植田光子
撮影 … 木村 拓（東京料理写真）
安田如水（文化出版局）（p.34、p.40、p.44、p.48、p.69、p.73の物撮り）
スタイリング … 千葉美枝子
栄養計算 … 女子栄養大学栄養クリニック（磯﨑真理子　田村真紀　由井美和）
取材 … 田中美穂（p.5〜8、p.74〜75）
校閲 … 山脇節子
原稿整理 … 園田聖絵
編集 … 浅井香織
鈴木百合子（文化出版局）
プリンティングディレクター … 杉浦啓之（TOPPAN）